中国政府统计研究丛书

中国资产负债核算问题研究

Studies on China's
National Balance Sheet

许宪春 等 著

清华大学中国经济社会数据研究中心

图书在版编目(CIP)数据

中国资产负债核算问题研究/许宪春等著. —北京:北京大学出版社,2019.4
(中国政府统计研究丛书)
ISBN 978-7-301-30373-3

Ⅰ. ①中… Ⅱ. ①许… Ⅲ. ①国民经济核算－研究－中国②资金平衡表－研究－中国 Ⅳ. ①F222.33②F231.1

中国版本图书馆 CIP 数据核字(2019)第 034728 号

书　　　名	中国资产负债核算问题研究 ZHONGGUO ZICHANFUZHAI HESUANWENTI YANJIU
著作责任者	许宪春　等著
责 任 编 辑	王　晶
标 准 书 号	ISBN 978-7-301-30373-3
出 版 发 行	北京大学出版社
地　　　址	北京市海淀区成府路 205 号　100871
网　　　址	http://www.pup.cn
电 子 信 箱	em@pup.cn　　QQ:552063295
新 浪 微 博	@北京大学出版社　@北京大学出版社经管图书
电　　　话	邮购部 010-62752015　发行部 010-62750672　编辑部 010-62752926
印 刷 者	涿州市星河印刷有限公司
经 销 者	新华书店
	730 毫米×1020 毫米　16 开本　12.5 印张　189 千字 2019 年 4 月第 1 版　2019 年 4 月第 1 次印刷
定　　　价	48.00 元

未经许可,不得以任何方式复制或抄袭本书之部分或全部内容。
版权所有,侵权必究
举报电话: 010-62752024　电子信箱: fd@pup.pku.edu.cn
图书如有印装质量问题,请与出版部联系,电话: 010-62756370

清华大学中国经济社会数据研究中心学术指导委员会委员名单

宁吉喆　国家发展改革委副主任兼国家统计局局长、党组书记、联席主席

邱　勇　清华大学校长、联席主席

盛来运　国家统计局副局长、党组成员

许宪春　清华大学中国经济社会数据研究中心主任

程子林　国家统计局设管司司长

毛盛勇　国家统计局综合司司长

董礼华　国家统计局核算司司长

文兼武　国家统计局工业司司长

王益烜　国家统计局能源司副司长（主持工作）

赵培亚　国家统计局投资司巡视员（主持工作）

孟庆欣　国家统计局贸经司司长

李希如　国家统计局人口司司长

张仲梁　国家统计局社科文司司长

黄秉信　国家统计局农村司司长

王有捐　国家统计局住户办主任

许剑毅　国家统计局服务业司司长

蔺　涛	国家统计局普查中心副主任（主持工作）
赵建华	国家统计局数据管理中心副主任（主持工作）
许亦频	国家统计局统计教育培训中心主任
万东华	国家统计局统计科学研究所所长
钟守洋	国家统计局统计资料中心主任
钱颖一	清华大学经济管理学院教授
白重恩	清华大学经济管理学院院长
李　强	清华大学社会科学学院教授
刘涛雄	清华大学社会科学学院党委书记
薛　澜	清华大学苏世民书院院长
钱　易	清华大学环境学院教授、中国工程院院士
江　亿	清华大学建筑节能研究中心主任、中国工程院院士
毛其智	清华大学建筑学院教授
刘洪玉	清华大学土木水利学院教授
李　政	清华大学低碳能源实验室主任、气候变化与可持续发展研究院常务副院长
崔保国	清华大学新闻与传播学院教授、传媒经济与管理研究中心主任
史静寰	清华大学教育研究院常务副院长
苏　竣	清华大学智库中心主任
孟庆国	清华大学文科建设处处长
李家强	清华大学教育基金会秘书长

清华大学中国经济社会数据研究中心
执行委员会委员名单

钱颖一　执行委员会联席主任,清华大学经济管理学院教授
李　强　执行委员会联席主任,清华大学社会科学学院教授
许宪春　委员,清华大学中国经济社会数据研究中心主任
程子林　委员,国家统计局设管司司长
董礼华　委员,国家统计局核算司司长
毛其智　委员,清华大学建筑学院教授
苏　竣　委员,清华大学智库中心主任
孟庆国　委员,清华大学文科建设处处长

前　言

资产负债核算是国民经济核算的重要组成部分。它以一个国家或地区所有常住单位的经济资产和负债为核算对象，展示一个国家或地区的家底。具体地说，它提供一个国家或地区及其非金融企业、金融机构、政府、住户等机构部门的资产和负债规模、结构等基础信息，为观察、分析和判断国家或地区及其机构部门的资产和负债规模、结构状况及合理性，科学调整及优化资产和负债规模、结构，防范和化解债务风险提供依据。提供国家或地区资产负债净额，即国民财富及其部门分布状况基础信息，为观察、分析和判断国民财富及其部门分布状况与合理性，科学调整和优化国民财富部门分布，实现国民财富在居民、企业和政府部门之间的合理分配提供依据。2008年国际金融危机爆发以后，资产负债核算在对经济金融风险进行预警、防范等方面的框架性和基础性作用日益凸显，得到国际社会的关注。

党中央、国务院高度重视资产负债核算工作。2013年，党的十八届三中全会通过的《中共中央关于全面深化改革若干重大问题的决定》明确提出了编制全国和地方资产负债表的改革任务。为全面贯彻落实党中央、国务院的决策部署，国家统计局制定了《全国和地方资产负债表编制工作方案》。2017年6月26日，习近平总书记主持召开了中央全面深化改革领导小组第三十六次会议，审议通过了上述工作方案。

早在20世纪80年代中期，国家统计局就开始研究资产负债核算。1992年，资产负债核算被正式纳入《中国国民经济核算体系（试行方案）》。中国国民经济核算国家标准《中国国民经济核算体系（2002）》和《中国国民经济核算体系（2016）》都把资产负债核算作为重要组成部分。从1997年开始，国家统计局就试编国家资产负债表。2000年以来，根据联合国等国际组织制定的国民经济核算国际标准1993年SNA和2008年SNA关于资产负债核算的建议，在总结试编国家资产负债表的经验基础上，国家统计局对资产负债表的编制方法进行了多次修订，但是由于资料来源基础薄弱以及编制方法不完善等方面的原因，始终没有公开发表国家资产负债表数据。

资产负债核算是世界性难题。每个国家编制资产负债表都需要解决以下三个方面的关键问题：资产负债的范围界定问题、估价问题和资料来源问题。资产负债的范围界定问题就是要明确哪些类型的资产和负债应该纳入资产负债核算范围。2008年SNA就资产负债核算范围给出了建议，但是到目前为止，没有任何一个国家能够完全采纳相应的核算范围，所有开展资产负债核算的国家都会根据本国的用户需求和资料来源状况来确定本国的资产负债核算范围，中国资产负债核算也必须根据我国的用户需求和资料来源状况确定资产负债核算范围，但是资产负债核算的基础能力建设与用户需求之间存在较大差距。资产负债的估价是一个相当棘手的问题。按照资产负债核算的基本原理和国际标准，各种类型的资产和负债都应当采用编制资产负债表时点上的市场价格进行估价，但是并不是每一种类型的资产和负债都能找到相应的市场价格，所以要采用合适的估价方法，估价方法的选择和实施在实践中往往是很困难的。资产负债核算的资料来源也是一个大问题，中国目前资料来源还是比较薄弱的，一些类型的资产和负债甚至找不到资料来源。

为了充分借鉴国际标准和发达国家的经验，结合中国实际需求和资料来源状况，寻求一套既符合国际标准又适应中国国情的资产负债核算方法，作为时任分管国民经济核算工作的国家统计局副局长，我主持了《中国资产负债核算问题研究》课题的研究工作。课题组以国家统计局国民经济核算司的领导和资产负债核算处的同志为主，联合国家统计局国际统计中心、统计科学研究所工作人员和部分省市统计局资产负债核算业务骨干，针对资产负债核算中的重点、难点问题进行了比较深入的研究和探索。这项课题的研究工作一直延续到我从国家统计局退休到清华大学中国经济社会数据研究中心工作。为了更好地推进这项研究，清华大学中国经济社会数据研究中心专门设立课题进行支持，本书就是这一研究和探索的最终成果，得到"中华思源工程扶贫基金会闵善公益基金"的资助。这一成果包括十三个部分。第一部分至第十一部分分别针对资产负债表中的机构部门分类、资产范围及分类、有形固定资产核算、知识产权产品核算、存货核算、土地核算、地下资产核算、无形非生产资产核算、金融资产核算、股权核算、保险和社会保障基金权益核算等十一个方面的问题进行研究,梳理了2008年SNA中相应的基本概念、基本分类、核算原则和核算方法,并就其中的部分核算问题归纳了其他有关国际组织推荐的方法和一些发达国家的经验和做法,阐述了中国资产负债核算中相应的基本概念、基本分类、核算原则、资料来源和核算方法,揭示了存在的问题,提出了改进建议。第十二部分考察了全球42个经济体(33个发达经济体和包括金砖国家在内的9个新兴经济体)资产负债表的编制和数据发布情况及存在的主要问题,探讨了对中国的启示。第十三部分梳理了2008年SNA关于资本存量的界定,阐述了OECD《资本存量测算手册》关于资本存量测算的建议,归纳了国内外固定资本存量核算的实践,就中国资本存量测算提出了建议。

本课题由长期从事统计和国民经济核算实际工作及理论研究的官员和学者共同参与完成,是集体智慧的结晶。我与程子林、王益烜和徐雄飞几位副组长认真讨论并确定研究题目和研究内容,提出研究和撰写要求,并根据课题组成员所从事的专业领域进行分工。初稿完成后,王益烜和徐雄飞等进行了认真修改。最后,我对每一篇稿件进行了仔细审改。在本课题研究过程中,国家统计局国民经济核算司董礼华司长、张冬佑副司长、郑学工副司长、国家统计局宁波调查队赵同录队长提出了许多建设性的意见和建议,王益烜副司长和徐雄飞处长做了大量的组织协调工作,课题组全体成员都付出了大量心血,在此我向他们一并表示诚挚的谢意!本课题组组长、副组长、成员如下:

课题组组长:

许宪春　清华大学经济管理学院教授,清华大学中国经济社会数据研究中心主任,国家统计局原副局长

副组长:

董礼华　国家统计局国民经济核算司司长

程子林　国家统计局统计设计管理司司长

王益烜　国家统计局能源统计司副司长(主持工作)

赵同录　国家统计局宁波调查队队长

张冬佑　国家统计局国民经济核算司副司长

郑学工　国家统计局国民经济核算司副司长
徐雄飞　国家统计局国民经济核算司副司长

课题组成员：
武　央　国家统计局吉林调查总队纪检组长
刘　冰　国家统计局国际统计信息中心国际统计方法研究处处长
律忠萍　国家统计局国民经济核算司 GDP 使用核算处一级调研员
柳　楠　国家统计局国民经济核算司 GDP 生产核算处处长
刘晓雪　国家统计局国民经济核算司资产负债核算处副处长
杨家亮　国家统计局国际统计信息中心高级统计师
陈亚宁　国家统计局国民经济核算司资产负债核算处四级调研员
吕　璐　国家统计局国际统计信息中心统计师
周　晶　国家统计局统计科学研究所副研究员
于　洋　国家统计局统计科学研究所副研究员
原鹏飞　国家统计局统计科学研究所副研究员
李　伟　国家统计局统计科学研究所副研究员
郑艳丽　北京市统计局国民经济核算处副处长
韩　维　天津市统计局国民经济核算处主任科员
王震颖　上海市统计局社会和科技统计处处长
张志远　上海市统计局国民经济核算处主任科员
曾　佳　重庆市统计局国民经济核算处处长
郭凌寒　重庆市统计局国民经济核算处主任科员
汪明峰　贵州省统计局综合处副处长（主持工作）

　　北京大学出版社的林君秀女士和郝小楠女士积极支持本书的出版，并为本书的出版做了大量工作，借此机会向她们表示诚挚的谢意。
　　对于本研究成果的不足之处，敬请广大读者批评指正。

许宪春
2018 年 10 月

目 录

第一篇 资产负债表中的机构部门分类问题研究 …………………… 1
  一、2008 年 SNA 中的机构部门分类 ……………………………… 1
  二、我国国民经济核算中的机构部门分类 ………………………… 3
  三、我国资产负债表中的机构部门分类的建议 …………………… 8
  参考文献 ……………………………………………………………… 9

第二篇 资产负债表中的资产范围及其分类问题研究 …………… 10
  一、2008 年 SNA 对资产的界定和分类 …………………………… 10
  二、我国资产负债表中的资产范围及分类问题 …………………… 15
  三、我国资产负债表中的资产范围及分类的改进建议 …………… 17
  参考文献 ……………………………………………………………… 18

第三篇 有形固定资产核算问题研究 ………………………………… 19
  一、2008 年 SNA 中的有形固定资产 ……………………………… 19
  二、我国资产负债表中的有形固定资产核算研究 ………………… 23
  三、我国资产负债表中的有形固定资产核算的改进建议 ………… 27
  参考文献 ……………………………………………………………… 28

第四篇 资产负债表中的知识产权产品核算问题研究 …………… 29
  一、2008 年 SNA 中对知识产权产品的定义及分类 ……………… 29
  二、主要国家的知识产权产品核算情况 …………………………… 33
  三、我国资产负债表中的知识产权产品核算 ……………………… 35
  参考文献 ……………………………………………………………… 38

第五篇 资产负债表中的存货核算问题研究 ………………………… 40
  一、2008 年 SNA 中的存货核算 …………………………………… 40
  二、欧盟统计局和 OECD 编写的《存货核算指南》中的存货存量
     核算方法 ………………………………………………………… 41

三、我国资产负债表中的存货核算现状 ································ 47

四、我国资产负债表中的存货核算存在的问题及建议 ················ 49

参考文献 ·· 50

第六篇　资产负债表中的土地核算问题研究 ································ 51

一、2008 年 SNA 中的土地核算方法 ································ 51

二、国际土地核算方法与实践 ·· 55

三、我国资产负债表中的土地核算现状 ································ 61

四、对我国资产负债表中的土地核算建议 ···························· 66

参考文献 ·· 74

附录 6-1　OECD 拟定的土地分类体系解释 ···················· 76

附录 6-2　国外土地核算实例 ·· 78

第七篇　资产负债表中的地下资产核算问题研究 ························ 82

一、2008 年 SNA 中的地下资产定义及核算方法 ················ 82

二、我国地下资产的核算研究 ·· 87

参考文献 ·· 93

第八篇　资产负债表中的合约、租约、许可和商誉等无形非生产资产核算问题研究 ·· 95

一、2008 年 SNA 中的合约、租约、许可和商誉等的核算 ········ 95

二、我国合约、租约、许可和商誉等的核算 ······················ 98

参考文献 ·· 103

第九篇　资产负债表中的金融资产核算问题研究 ······················ 105

一、2008 年 SNA 中的金融资产核算 ······························ 105

二、我国资产负债表中的金融资产核算 ···························· 109

参考文献 ·· 121

第十篇　资产负债表中的股权核算问题研究 ···························· 123

一、2008 年 SNA 中的股权核算方法 ······························ 123

二、国外股权核算方法 ·· 125

  三、我国股权核算方法研究情况 …………………………………… 126
  四、我国股权核算方法的改进建议 ………………………………… 129
  参考文献 ……………………………………………………………… 131

第十一篇　资产负债表中的保险和社保基金权益核算问题研究 …………… 132
  一、2008 年 SNA 中的保险和社保基金权益核算 ………………… 132
  二、我国资产负债表中的保险和社保基金权益核算探索 ………… 133
  参考文献 ……………………………………………………………… 141

第十二篇　主要国家资产负债表的编制情况及对中国的启示 ……………… 142
  一、编制资产负债表的必要性 ……………………………………… 142
  二、国际上资产负债表和积累账户的编制与数据发布现状 ……… 143
  三、主要国家资产负债表的编制中面临的主要问题 ……………… 150
  四、主要国家资产负债表的编制对我国的启示 …………………… 152
  附录 12-1　研究对象的选择 ………………………………………… 153
  附录 12-2　42 个经济体金融资产和负债数据的可获得性 ……… 154
  附录 12-3　42 个经济体非金融资产数据的可获得性 …………… 158

第十三篇　资本存量测算问题综述 ……………………………………………… 163
  一、资本存量测算的国际标准 ……………………………………… 163
  二、国内外固定资本存量的核算实践 ……………………………… 169
  三、对我国资产负债表中的资本存量测算的建议 ………………… 179
  参考文献 ……………………………………………………………… 182

第一篇 资产负债表中的机构部门分类问题研究

武　央

机构部门分类是国民经济核算的一个基础分类,对于反映不同类型市场主体的收入、支出、资产、负债及其相互联系和相互作用具有重要的意义。国民经济核算国际标准《国民账户体系(2008)》(以下简称"2008 年 SNA"),对机构部门的概念及分类都提出了比较明确的建议。我国资产负债核算中的机构部门分类在遵循国际一般统计规范的原则下,还应结合我国机构部门的具体特点,建立起具有科学性、合理性和可操作性的机构部门分类标准。

一、2008 年 SNA 中的机构部门分类

在 2008 年 SNA 中,机构部门是指能够以自己的名义拥有资产、发生负债、从事经济活动并与其他实体进行交易的经济实体。机构部门主要有两类:一是以住户形式出现的个人或一群个人;二是法律或社会实体,包括公司、非营利机构和政府单位。

不同类型机构部门从事经济活动的特性不同:公司从事货物和服务的生产或进行资本积累,但不会进行最终消费;政府代表全社会从事生产、积累和最终消费;住户进行消费,同时也可能从事生产和积累活动;非营利机构有的类似于公司,有的实际上是政府的组成部分,还有的虽独立于政府但从事着类似政府的活动。2008 年 SNA 根据机构部门的经济活动特征,将其划分为非金融公司部门、金融公司部门、一般政府部门、住户部门和为住户服务的非

营利机构部门五大机构部门。

（一）非金融公司部门

非金融公司是指那些以生产市场性货物或非金融服务为主要活动的常住公司。非金融公司部门由以下三类常住机构部门组成：常住非金融公司；非常住企业在该经济领土内长期从事非金融生产的分支机构；作为货物或非金融服务市场生产者的所有常住非营利机构。

（二）金融公司部门

金融公司是指那些主要从事向其他机构单位提供金融服务活动的常住公司。金融公司部门主要包括以下三类常住机构部门：常住金融公司；非常住企业在该经济领土内长期从事金融活动的分支机构；作为金融服务市场生产者的所有常住非营利机构。

（三）一般政府部门

一般政府部门指在设定区域内对其他机构单位拥有立法、司法或行政权的法律实体及其附属单位，主要包括各级党政机关、群众团体、事业单位、基层群众性自治组织等。一般政府部门的主要职能是利用征税和其他方式获得的资金向社会和公众提供货物和服务；通过转移支付，对社会收入和财产进行再分配；从事非市场性生产。

（四）住户部门

住户部门包括作为机构单位的住户和住户中的非法人企业。

作为机构单位的住户是指以住户形式出现的个人或一群个人，他们共用生活设施，把成员的部分或全部收入或财产汇集起来使用，集体消费某些货物和服务（主要是住房和食物）。

住户中的非法人企业是住户为了生产能在市场上销售或交换的货物或者服务而成立的市场性非法人企业。

(五) 为住户服务的非营利机构部门

为住户服务的非营利机构部门（NPISHs）包括全部免费或以没有显著经济意义的价格向住户提供货物或服务的非营利机构。典型的为住户服务的非营利机构主要有以下三类。

第一类是为了满足成员的需求而成立的团体，它免费向成员提供货物或服务，资金主要来源于定期缴纳的会费或缴款。这类单位包括专业或学术性团体、政党、工会、教会或宗教团体，以及社会、文化、娱乐、体育等方面的俱乐部。

第二类是以慈善为目的成立的慈善、救济或援助机构。这类单位基于非市场原则向有需要的住户提供货物或服务，其资源主要来自社会公众、公司或政府的现金或实物形式的捐赠，也可能来自非常住者的转移。

第三类是提供公共服务的机构，如无偿提供其成果的研究机构、环保组织等。

二、我国国民经济核算中的机构部门分类

(一) 我国机构部门分类的现状

目前，我国国民经济核算在参考 2008 年 SNA 分类标准和原则的基础上，根据我国具体国情，将常住机构单位分为四个机构部门：非金融企业部门、金融机构部门、政府部门和住户部门。

1. 非金融企业部门

非金融企业是指以生产市场性货物或非金融服务为主要活动的企业单位。非金融企业部门包括国民经济行业中的以下机构单位：农林牧渔业，采矿业，制造业，电力、热力、燃气及水生产和供应业，建筑业，批发和零售业，交通运输、仓储和邮政业，住宿和餐饮业，信息传输、软件和信息技术服务业，房地产业，租赁和商务服务业，科学研究和技术服务业，居民服务、修理和其他服务业，教育、卫生和社会工作，文化、体育和娱乐业。

其中，农林牧渔业只包括从事农林牧渔业的法人企业；第二、第三产业各

个行业不包括个体生产经营活动;教育、卫生和社会工作,文化、体育和娱乐业以及科学研究和技术服务业不包括应属于政府部门的机构单位。

2. 金融机构部门

金融机构单位是指从事金融服务活动的常住单位,金融机构部门包括从事货币金融服务、资本市场服务、保险服务及其他金融活动的机构单位。所有的金融机构单位组成金融机构部门。

3. 一般政府部门

与2008年SNA的一般政府部门相比,我国政府部门涵盖的范围更广,由具备法人资格的各类行政单位、事业单位及为住户服务的非营利机构单位组成。

行政单位是指进行国家行政管理、组织经济建设和文化建设、维护社会公共秩序的单位,主要包括国家权力机关、行政机关、司法机关、检察机关以及实行预算管理的其他机关、政党组织等。

事业单位是指为了社会公益目的,在教育、文化、卫生、科技等领域从事非营利性活动的社会服务组织,同时部分事业单位也具备行使行政职权的职能。事业单位人员工资多来源于财政拨款。事业单位的概念与2008年SNA中由政府控制的非市场非营利机构比较接近。

为住户服务的非营利机构单位主要包括社会团体、宗教组织和各类基金会。

政府部门包括以下国民经济行业中从事政府活动的机构单位:水利、环境和公共设施管理业,公共管理和社会组织,教育、卫生和社会工作,文化、体育和娱乐业,科学研究和技术服务业中属于政府部门的机构单位。

4. 住户部门

住户部门包括城镇住户和农村住户(包括从事农业生产的农户),分布在第二、第三产业中的个体经营户。

(二)我国机构部门分类中存在的不足

与2008年SNA的分类标准相比,我国机构部门分类目前存在分类较粗、机构部门边界不清晰等问题,主要表现在以下方面。

1. 为住户服务的非营利机构部门没有单列

2008年SNA建议将为住户服务的非营利机构作为一个单独的机构部门。过去,我国严格意义上的为住户服务的非营利机构单位很少,并且这些团体或组织与政府关系比较密切,其资金很大一部分也来源于政府资助,因此,为住户服务的非营利机构单位一直没有作为一个单独的部门进行核算,而是将这类单位归入政府部门。

2. 政府部门包含部分市场性营利活动单位

国家统计局编制政府部门账户的主要数据来源是财政部的"行政事业单位决算资料",其对应的核算口径是预算管理单位。预算管理单位包括各类行政和事业单位。其中,事业单位广泛分布在教科文卫、社会管理等基本的公共产品和公共服务领域。由于历史原因,目前事业单位中还包含少量从事市场性营利活动的单位,如机关单位主办的培训中心、出版社、报社等。这类经费自理的事业单位多数从事市场性经营活动,资金主要来源于市场性的经营收入,按照2008年SNA的规定,从活动性质上应将其划入企业部门。

3. 部分事业单位的性质需要重新界定

随着我国经济的发展和市场环境的变化,一些实行预算管理的事业单位从事的活动越来越接近市场性生产活动,如电视台广告费收入增长很快,公立医院、基层卫生医疗机构来自市场的收费也远远超过了财政拨款,这类单位的市场性经营活动收入比重远远高于全部收入的50%,按照2008年SNA规定,应将其视为从事市场性生产的非营利单位,调整到非金融企业部门。但是,从传统观点看,医院等单位具有很强的公益性质,收费标准由政府严格核定,经营活动由政府主管部门管理,是否应当将其由政府部门调整到非金融企业部门还存在很大的争议。

(三)我国机构部门分类的改进思路

与国际统计规范相比,我国机构部门分类中存在的主要问题是政府单位界定不准确,政府部门核算口径过宽。为使我国的资产负债核算与国际标准更加衔接和可比,改进和完善机构部门分类的总体思路应以2008年SNA为基本参照,在机构部门设置、机构单位归属等方面尽可能符合国际统计的一般规范。具体改革内容主要包括以下几个方面。

1. 单独设立为住户服务的非营利机构部门

随着我国社会经济的发展,为住户服务的非营利机构单位在充实和提高公共服务的内容和水平、促进社会公益事业发展等方面发挥着越来越重要的作用。根据国际通行做法,应将其作为独立的机构部门进行核算。

根据为住户服务的非营利机构单位的特征,应将以下三类单位纳入为住户服务的非营利机构部门。

一是为住户服务的社会团体。在国民经济行业分类中,"社会团体"包括行业性团体、专业性团体及其他社会团体三个小类。其中,行业性团体主要为企业服务,纳入企业机构部门核算;专业性团体和其他社会团体主要服务于住户,属于为住户服务的非营利机构,如教育、文化、体育等领域的专业性团体及慈善性、联谊性团体等。

二是各类宗教组织和活动场所,包括寺院、宫观、清真寺和教堂等,这些机构的经费大多来自民间捐助,其活动较少受到政府的干预。

三是各类基金会,指利用自然人、法人或者其他组织捐赠的财产,以从事公益事业为目的,按照国务院颁布的《基金会管理条例》规定成立的非营利性法人单位,如社会救助、福利、环境等领域的基金会。

2. 将营利性事业单位从预算单位中剥离

从理论上讲,应该将从事市场生产经营活动的营利性事业单位全部从一般预算单位中分离,纳入企业部门。但是,我国预算单位将近100万家,数量多,涉及范围广,将其中营利性单位分离出来的难度很大。我国目前正在进行事业单位改革,要按照社会功能将现有事业单位划分为三类:对承担行政职能的,逐步将其行政职能划归行政机构或转为行政机构;对从事公益服务的,继续留在事业单位序列、强化其公益属性;对从事生产经营活动的,逐步将其转为企业。这一改革将于2020年前完成。因此,随着这项改革的深化,从事市场性营利活动的事业单位数量将会逐步减少,改革完成后,这一问题也将不再存在。对于这一问题,目前有两种处理方法:一是努力争取财政部门的配合,将营利性单位从预算单位中剔除,这种方法的工作量和协调难度都比较大;二是考虑到这类单位数量少,活动规模不大,在政府部门中所占比重很低,也可以暂时不做处理,随着事业单位改革完成,这一类单位将逐步从政府部门中分离,归入非金融企业部门。

3. 将从事市场性活动的事业单位调整到非金融企业部门

随着我国社会主义市场经济的发展,一些事业单位的收入构成发生了明显变化,来自市场性收费的比重越来越高,相应地,财政拨款的比重明显降低。例如,根据 2012 年财政决算资料,公立医院、基层医疗卫生机构和电视台的财政拨款占全部收入的比重分别为 7.16%、36.2% 和 27.1%。

按照 2008 年 SNA 的标准,如果一个非营利机构以具有显著经济意义的价格提供产出,那么该单位从事市场性活动,应将其划入企业部门;如果免费或以无显著经济意义的价格提供其大多数产出,那么该单位从事非市场性活动。对于从事非市场活动的非营利机构,如果受政府控制,则划入政府部门;如果不受政府控制,则划入 NPISHs。在判断价格是否具有显著经济意义时,2008 年 SNA 提出了更具可操作性的"50% 准则":在持续的一段时间内,销售收入至少占平均成本一半以上的生产者属于市场生产者。在我国,可以近似地根据财政拨款的比例来判断一个事业单位的活动性质:如果财政拨款超过其全部收入的 50%,就作为受政府控制的非市场非营利机构,归入政府部门;否则,就作为市场性非营利机构,归入非金融企业部门。按照这一标准,上述公立医院、基层医疗卫生机构和电视台应该由政府部门调整到非金融企业部门。

4. 将行业性团体调整到企业部门

在国民经济行业分类中,行业性团体是"社会团体"中的一个小类,主要是指由一个行业、一类企业或不同类企业的雇主组成的社会团体,包括行业管理协会、联合会、行业协调团体等。行业性团体主要是为企业服务,应将其由政府部门调整到企业部门。

5. 基层自治组织和群众团体机关仍然归入政府部门

根据现行宪法和有关法律的规定,我国在城市和农村按居民居住地区设立城市居民委员会和农村村民委员会。居委会和村委会由居民选举产生,是居民群众自我教育、自我管理、自我服务的基层群众性自治组织,不是一级政权组织,但居委会、村委会与区县或乡镇人民政府的关系十分密切,其活动经费主要来源于财政补助(也有部分居委会、村委会有集体企业经营、房产出租等收入),应将这类单位视为受政府控制的非市场非营利机构,仍然归入政府部门。

我国的群众团体机关,如工会、妇联、宋庆龄基金会、科技协会、作家协会等,在承担大量公益事业职能的同时,兼有部分政府公共职能。群众团体机关的领导由政府任命,经费由国家财政全额拨款。2006年,中共中央组织部专门下发文件,将工会、共青团、妇联等人民团体和群众团体机关参照公务员管理。因此,群众团体机关应作为准行政单位,仍然归入政府部门。

三、我国资产负债表中的机构部门分类的建议

资产负债核算是以经济资产存量为对象的核算,与流量核算相比,对基础资料的要求更高。我国资产负债表中的机构部门设置应在借鉴国际经验的基础上,充分考虑目前的基础资料状况,使资产负债表编制方法既科学合理,又具有较强的操作性。

(一) 资产负债表中的机构部门分类

机构部门分类是国民经济核算的基础性分类,资产负债表中的机构部门分类应遵循我国机构部门分类标准,将机构部门分为非金融企业部门、金融机构部门、政府部门、住户部门和为住户服务的非营利机构部门五大类。

考虑到为住户服务的非营利机构具有数量多、活动规模小的特点,与其他机构部门相比,为住户服务的非营利机构部门各个交易项目的核算结果都很小,为保持资产负债表各个机构部门的协调,在公布核算结果时,也可以将其与住户部门合并,这也是很多国家目前采用的处理方法。

(二) 细化非营利机构单位的核算

非营利机构单位是除政府和企业之外不以利润最大化为目的的组织,按照其服务对象的不同,应分别归于企业、广义政府和住户部门中,例如,为企业服务的行业协会归于企业部门,完全隶属于政府的群众团体组织归于广义政府,为住户服务的基金会归于住户部门。目前,资产负债表中政府部门核算主要依据财政部门资料,其中的民间非营利组织属于非营利机构单位,包含大量为企业和住户服务的机构单位,应当努力拓展资料来源,细化核算,将其分别归于相应的机构部门。

参 考 文 献

[1] SNA 的修订与中国国民经济核算体系改革课题组. SNA 关于机构部门分类的修订与中国机构部门的调整研究[J]. 统计研究, 2012(7).

[2] 李海东. 国民核算体系下非营利部门的单独设置研究[J]. 统计与信息论坛, 2004(9).

[3] 联合国等. 国民账户体系(2008)[M]. 北京: 中国统计出版社, 2012.

[4] 联合国经济和社会事务部统计司. 国民账户体系非营利机构手册(2003)[M]. 纽约: 联合国印刷, 2005.

作者简介: 武央, 男, 毕业于北方交通大学, 硕士研究生, 现为国家统计局吉林调查总队纪检组长, 高级统计师。

第二篇 资产负债表中的资产范围及其分类问题研究

刘晓雪

资产是国民经济核算国际标准 2008 年 SNA 中的一个重要概念。资产价值量的变化,会涉及资本账户、金融账户、资产物量其他变化账户和重估价账户,最后集中反映在资产负债表中。本文梳理了 2008 年 SNA 对资产的界定和分类,介绍了我国的资产范围和分类,并分析两者之间的不同,对我国资产负债表中所包含的资产范围及分类提出了改进建议。

一、2008 年 SNA 对资产的界定和分类

(一) 资产的定义和特征

所谓资产,是一种价值贮藏手段,指其经济所有者在一段时期内通过持有或使用它们而获得经济利益。2008 年 SNA 界定的资产是指"经济资产"。经济资产具有两个明显的特征:一是所有权明确,可以由个别单位拥有,也可以由多个单位共同拥有,或由政府代表整个社会拥有;二是所有者通过持有或在经济活动中使用它们获得经济利益。经济利益可以直接用货物和服务来表示,也可以用货币来表示。

2008 年 SNA 将所有权分为法定所有权和经济所有权,并对经济所有权进行了界定。所采用的准则是:哪一个单位承担资产的经济风险和收益,哪一个单位就拥有资产的经济所有权。通常情况下,经济所有权和法定所有权

归属于同一所有者,当二者不一致时,2008年SNA规定按经济所有权进行核算。

由上述定义和规定可知,如果不能确定一个实体的所有权,或者拥有或使用该实体不能给所有者带来经济利益,则该实体不能被视为资产。例如,对于海洋和空气,无法确定其所有权,所以不能作为资产;在可以预见的未来不具有商业开发价值的已知矿藏也不能当作资产。

(二)资产范围

只要某个或某些单位能够对相关资产拥有有效的所有权,并能从该资产中获取一次性或连续性的经济利益,则该资产属于2008年SNA的资产范围,可包括在资产负债表中。比如,机构单位直接控制、负责和管理的,连续用于产果的树木和植物,以及重复提供产品的动物资源等,都属于2008年SNA界定的资产范围。

资产范围中不包括耐用消费品。因为耐用消费品提供的服务是住户服务,而住户服务不属于SNA的生产范围。但是,自有住宅属于资产,不被视为耐用消费品。自有住宅的房主,在形式上可以看作自己住房的租户或者是为自身提供住房服务的非法人企业,只不过该企业提供了住房服务并被其自身消费了。

此外,资产范围中还不包括小型工器具。某些货物可能反复或连续地用于生产,但它们可能体积较小、较便宜,并且用于比较简单的作业,比如锯、铲、斧子等工具。这类工具的购买比较频繁,相对价值较小,因此作为用于中间消耗的材料或用品处理。但如果此类项目比较重要,在存量价值中占比较大,就作为固定资产。

(三)资产分类

在2008年SNA中,资产分为非金融资产和金融资产两大类,如图2-1所示。

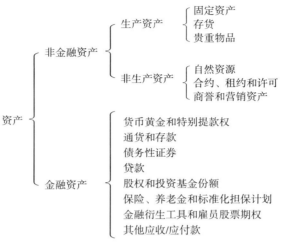

图 2-1　资产分类

1. 非金融资产分类

非金融资产分为生产资产和非生产资产。生产资产是通过生产过程的方式形成的非金融资产。生产资产主要有三类：固定资产、存货和贵重物品；非生产资产是通过生产过程以外的方式形成的非金融资产。非生产资产包括：自然资源，合约、租约和许可，商誉和营销资产。

（1）固定资产

固定资产是在生产过程中被反复或连续使用一年以上的生产资产。固定资产可进一步细分为住宅、其他建筑和构筑物、机器和设备、武器系统、培育性生物资源、知识产权产品等。其中，知识产权产品指研究、开发、调查或者创新的成果，分为五个类别：研究与开发，矿藏勘探和评估，计算机软件和数据库，娱乐、文学或艺术品原件，其他知识产权产品。培育性生物资源指可重复提供产品的动物资源和反复用于生产水果等其他产品的树木和植物等资源。

（2）存货

存货指在生产活动中持有以备出售的产成品或商品、处在生产过程中的在产品、在生产过程或提供服务过程中耗用的材料或物料等。存货由货物和服务组成，货物存货包括生产单位的中间投入、未完工的产品、军事存货、不做进一步加工就转卖的产品等，服务存货包括未完成的建筑图纸或已完成正等待依此来建造的建筑图纸等。存货可细分为材料和用品、在制品、制成品、军事存货和供转售的货物。

（3）贵重物品

贵重物品是指在一段时间内作为价值贮藏手段持有的、具有相当大价值的生产性货物。贵重物品包括贵金属和宝石、古董和其他艺术品，以及其他贵重物品等。

（4）自然资源

自然资源包括自然形成的资产。首先，只有那些所有权已经确定并已得到有效实施的自然性资产才有资格被当作经济资产。其次，在可以预见的未来，自然性资产能够为其所有者带来经济利益。自然资源可细分为土地、矿物和能源储备、非培育性生物资源、水资源和其他自然资源。

（5）合约、租约和许可

合约、租约和许可包括可交易的经营租赁、自然资源使用许可、从事特定活动的许可、货物和服务的未来排他性权利。

只有当满足下列两个条件时，合约、租约和许可才可以作为资产。一是合约、租约和许可规定了使用资产或提供服务的价格，该价格不同于缺乏合约、租约和许可时的价格。二是合约的一方必须能够合法而且在实际上实现这个价格差异。

（6）商誉和营销资产

2008年SNA提出了"营销资产"的概念，并和商誉一起组成"商誉和营销资产"子分类。通常情况下，企业的购买者会支付一部分超过企业净值的溢价，这部分溢价被称为"商誉"，它反映了企业综合生产力和管理能力、企业文化、分销网络和顾客基础的价值。营销资产由品牌名称、报头、商标、公司标识和域名等项目组成，它是顾客或潜在客户对该公司及其产品的全部印象。"商誉和营销资产"的价值需要进行评估，一般将持续经营的企业价值与企业净值之间的差异部分记为商誉和营销资产。

2. 金融资产分类

在2008年SNA中，金融资产由所有金融债权、公司股票和公司其他权益以及被货币当局持有作为储备资产的黄金组成。

（1）货币黄金和特别提款权

货币黄金是由货币当局所拥有的并作为储备资产而持有的黄金。特别提款权是由国际货币基金组织创立并分配给会员以补充现有储备资产的国际储备资产。

（2）通货和存款

通货指以现金形式存在于流通领域中的货币，包括纸币和硬币。存款指金融机构接受客户存入的货币款项、存款人可随时或按约定时间支取款项的信用业务，主要包括活期存款、定期存款、财政存款、外汇存款、信托存款、证券公司客户保证金、其他存款和金融机构往来。

（3）债务性证券

债务性证券是作为债务证明的可转让工具。包括票据、债券、资产支持证券和通常可在金融市场交易的类似工具。

（4）贷款

贷款包括透支、分期付款贷款、分期付款购物信用、商业信用融资贷款、证券回购协议和融资租赁等。

（5）股权和投资基金份额

股权指对清偿债权人全部债权后的公司或准法人公司的剩余价值有索取权的所有票据和记录。股权包括上市股票、未上市股票和其他股权。投资基金份额是将投资者的资金集中起来投资于金融或非金融资产的集体投资时，证明投资人持有的基金单位数量的受益凭证。

（6）保险、养老金和标准化担保计划

保险、养老金和标准化担保计划指参与计划的单位向计划缴款，并在同期或后期领取保险金或得到赔付。保险、养老金和标准化担保计划包括非寿险专门准备金、寿险和年金权益、养老金权益和标准化担保代偿准备金。非寿险专门准备金包括预付的用于非寿险未决索赔的保费和准备金净额。寿险和年金权益显示了投保人对提供寿险或年金的企业所拥有的金融债权。养老金权益是雇主与雇员所签的报酬协议的一部分，反映了现有和未来的养老金领取者对其雇主或雇主指定的到期支付养老金的基金所拥有的金融债权。标准化担保代偿准备金包括预付的用于标准化担保未付代偿的费用和准备金净额。

（7）金融衍生工具和雇员股票期权

金融衍生工具是与某种特定金融工具、特定指标或特定商品挂钩的金融工具，通过金融衍生工具，特定的金融风险本身就可以在金融市场上交易。

雇员股票期权是雇主与雇员在某日（授权日）签订的一种协议，根据协议，在未来约定时间（含权日）或紧接着的一段时间（行权期）内，雇员能以约定价格（执行价格）购买约定数量的雇主股票。

（8）其他应收/应付款

其他应收/应付款包括商业信用和预付款以及其他。商业信用和预付款指提供给公司、政府、住户和国外等机构的货物和服务的商业信用和预付款。预付款一般指在建工程或拟建工程的预付款。其他包括与税、红利、证券买卖、租金、工资薪金、社会保障缴款有关的应收应付款。

二、我国资产负债表中的资产范围及分类问题

2008年SNA是一个通用的国际标准，资产范围比较广，分类比较详细。在实践中，各国根据自己的国情确定资产范围和分类标准。我国遵循2008年SNA标准，并结合基础资料的可获得性和实践中的可操作性，界定了我国资产负债表中的资产范围和分类。相关对比可见表2-1。

（一）我国资产负债表中的资产范围及分类

我国将资产分为非金融资产和金融资产两大类。非金融资产包括固定资产，存货，合约、租约、许可和商誉等。固定资产又细分为房屋和构筑物、机器和设备、培育性生物资源、知识产权产品、武器系统等。金融资产包括通货，存款，贷款，股权和投资基金份额，债务性证券，保险准备金和社会保险基金权益，金融衍生品，国际储备和其他。

（二）我国资产范围及分类与2008年SNA的差异

1. 资产范围及分类层级的差异

与2008年SNA建议的相应资产范围相比，我国非金融资产的核算范围较小，主要表现在：一是纳入非金融资产范围的土地仅针对有房屋和构筑物的部分，不包括其他土地，如农业用地；二是不包括非培育性生物资源、矿产资源、水资源等非生产资产；三是没有对贵重物品进行核算。造成这一差异的主要原因是缺少基础资料和估价困难。

表 2-1　2008 年 SNA 资产范围与我国资产范围对比

资产(2008 年 SNA)	资产(我国)
非金融资产	**非金融资产**
固定资产	固定资产
住宅	房屋和构筑物
其他建筑和构筑物	
机器和设备	机器和设备
培育性生物资源	培育性生物资源
知识产权产品	知识产权产品
武器系统	武器系统
存货	存货
材料和用品	
在制品	
制成品	
军事存货	
供转售的货物	
贵重物品	无此对应项
自然资源	无此对应项
合约、租约和许可	合约、租约、许可和商誉
商誉和营销资产	
金融资产	**金融资产**
通货和存款	通货
	存款
贷款	贷款
股权和投资基金份额	股权和投资基金份额
债务性证券	债务性证券
保险、养老金和标准化担保计划	保险准备金和社会保险基金权益
金融衍生工具和雇员股票期权	金融衍生品
货币黄金和特别提款权	国际储备
其他应收/应付款	其他

与2008年SNA建议的相应分类相比,我国非金融资产的分类比较粗。在核算存货时是按照国民经济行业门类进行核算的,没有按2008年SNA的建议将存货分为材料和用品、在制品、制成品、军事存货、供转售货物等类别。非生产非金融资产只有合约、租约、许可和商誉这一个类别,没有再进行细分类。

由于估价困难,与2008年SNA相比,我国金融资产中暂时不包括雇员股票期权。2008年SNA建议对于权益工具的公允价值,应按照在授予日已交易期权的同等市场价值进行测算,或利用期权定价模型进行估算。但目前我们难以获得测算所需的基础资料。

金融资产的分类与2008年SNA基本保持一致,只是"保险、养老金和标准化担保计划"改称为"保险准备金和社会保险基金权益";"其他应收/应付款"改称为"其他"。

2. 同一资产概念中所包含内容的差异

我国的知识产权产品中暂时不包括娱乐、文学或艺术品原件。主要原因是核算困难,一是基础资料难以获得,二是估价困难。

我国金融资产中的国际储备,除了包括货币黄金和特别提款权,还包括外汇储备和在国际货币基金组织的储备头寸。"其他"除了企业应收及应付款,还包括国际投资头寸表其他投资等。

三、我国资产负债表中的资产范围及分类的改进建议

(一)逐步扩展资产范围

资产范围的确定要权衡国际标准、用户需求和可操作性,同时,由于要对资产进行估价,也要考虑资产的变现能力。由于现阶段基础数据来源有限、估价困难等诸多原因,非金融资产核算困难,其中非生产非金融资产的核算尤为困难。我国应借鉴发达国家的先进经验和做法,先易后难,逐步扩展资产范围。对基础资料状况较好、核算方法成熟的项目先行核算,先行公布。比如,可将已探明储量的、能够为所有者带来经济利益的矿产和能源纳入资产范围,之后逐步扩大资产范围。

(二) 加强统计调查,夯实核算基础

扩展资产范围和细化资产分类都需要基础数据的支撑。目前,无论是企业的一套表统计调查制度、部门服务业调查制度还是部门行政记录,都不能完全满足资产负债表编制的需要。企业的财务状况调查中,应进一步增加调查指标的二级科目。例如,一套表统计调查制度和部门服务业调查制度的财务状况表中,可以在固定资产原价下设置房屋和构筑物、机器和设备等细项,以更好地对固定资产进行细分类核算。

参 考 文 献

[1] SNA的修订与中国国民经济核算体系改革课题组.SNA的修订及对中国国民经济核算体系改革的启示[J].统计研究,2012(6).

[2] 曹远征等.问计国家资产负债表[J].财经杂志,2012(7).

[3] 李静萍.贵重物品核算浅议[J].统计研究,2012(6).

[4] 李扬等.中国国家资产负债表2013——理论、方法与风险评估[M].北京:中国社会科学出版社,2013.

[5] 联合国等.国民账户体系(2008)[M].北京:中国统计出版社,2012.

[6] 马骏等.中国国家资产负债表研究[M].北京:社会科学文献出版社,2012.

[7] 许涤龙,郑尊信.资产的界定、分类与核算[J].数量经济技术经济研究,2012(12).

作者简介:刘晓雪,女,毕业于中央财经大学,硕士研究生,现为国家统计局国民经济核算司资产负债核算处副处长,中级统计师。

第三篇 有形固定资产核算问题研究

郑艳丽

有形固定资产核算是我国资产负债核算的重要组成部分,本文根据国民经济核算国际标准 2008 年 SNA,并结合我国实际情况,研究探索了我国有形固定资产的核算范围、分类标准和核算方法。我国的有形固定资产核算是以企事业单位的会计、统计和部门行政资料为基础,获得资产总量及结构资料,按照机构部门,分类别对有形固定资产进行核算。

依据国际标准,我国有形固定资产包括房屋和构筑物、机器和设备、培育性生物资源,估价原则是按市场价格进行估价。目前,我国资产负债核算仍处于改革和探索过程中,还需要不断积累经验,健全各种基础资料,开展必要的补充调查,进一步完善核算基础和核算方法。

一、2008 年 SNA 中的有形固定资产

(一) 有形固定资产的定义及分类

有形固定资产是通过生产活动生产出来的、在生产过程中被反复或连续使用一年以上、单位价值达到规定标准、在使用过程中保持原有物质形态的实物资产,包括住宅、其他建筑和构筑物、机器和设备、武器系统和培育性生物资源。

1. 住宅

住宅指完全或基本上作为居民居住使用的房屋,包括住房附设的永久性

装置,如集中取暖、空气调节、供水设备和车库等。养老院、孤儿院等住宿房屋也属于住宅。

2. 其他建筑和构筑物

其他建筑和构筑物包括非住宅建筑、其他构筑物和土地改良。非住宅建筑指全部或主要用于工业或商业用途的房屋和建筑物,如工业用房、商业用房、旅馆、餐馆、学校、医院、监狱等。

其他构筑物是指除房屋以外的构筑物,包括公共纪念物、民用工程设施等。例如公路、街道、铁路和机场跑道;桥梁、隧道和地铁;水路、港口、大坝和其他水上设施;长途管道、通信和电力线;地下管道和电缆;用于采矿和制造的建筑物等。

土地改良是指能够极大改良土地的数量、质量和生产率,或者防止土地退化的行为,土地改良被视为创造了新的固定资产,而不是自然资源价值的增加,具体包括土地清理、土地修筑、修筑水井和灌溉水渠等。土地所有权转移费用应包括在土地改良中。

3. 机器和设备

机器和设备包括交通设备、信息通信设备以及其他机器和设备。住户为最终消费获得的机器设备(如交通工具、家具、计算机等)不是固定资产。

4. 武器系统

武器系统包括诸如军舰、潜艇、军用飞机、坦克、导弹运载工具和发射架等交通设备及其他设备。

5. 培育性生物资源

培育性生物资源包括能够重复提供产品的动物资源和能够重复产果的树木、作物和植物资源,这些资源应处于机构单位的直接控制、负责和管理下,如种畜、奶牛、役畜、产毛绵羊、果树等。

(二)有形固定资产的估价原则与方法

原则上,有形固定资产以现期市场价格作为基本估价原则,即按照相同技术规格和年龄的资产在市场中的通行价格进行估价,若没有市场交易价格,2008年SNA建议采用适当的估价技术核算,如永续盘存法、净现值法等。

1. 市场价值法

凡发生货币支付的交易,按交易双方认定的成交价格,即市场价格估价;没有发生货币支付的交易,按市场上相同货物或服务的市场价格估价。在有形资产估值中,资产的二手市场价格可作为市场价格,但需满足两个条件,即该资产存在活跃的竞争性市场,该价格可以代表同类资产的价值。

2. 永续盘存法

在会计上,固定资产是按其构建时的实际成本计价的,因此固定资产会因采用不同的历史价格而影响其现实存量价值的可靠性,必须按编表时点的现期市场价格重新估价。联合国于1971年提出了对固定资产估价的"永续盘存法"。这种方法的实质是从固定资本形成总额的流量数据出发,结合固定资产的预计使用年限、各类固定资产投资价格指数等,用逐年推算的方法得出编表时点的固定资产存量价值。

3. 净现值法

通过对资产的预期未来收益进行贴现,可以得到资产的近似的市场价值。如果能够合理稳健地估算资产带来的未来收益流,结合适当的贴现率,原则上就可以测算当期价值。然而,由于很难准确估算具有相当不确定性的未来收益,而且还需要做出资产使用寿命以及贴现因素等方面的假定,因此采用本方法前,应该充分利用其他估价方法。由于所产生的预期净收益要跨越不同年份,在核算期末要将未来年份的净收益折算为现值。

(三)有形固定资产流量核算与存量核算的衔接

生产、分配、消费、投资、资金融通等交易活动,以及价格变化、突发事件、自然退化、分类变化等非交易活动都会引起有形固定资产期初到期末的价值变化,这些价值变化是流量,期初和期末的有形固定资产是存量。通过以下恒等式,可以将有形固定资产的期初、期末价值联系起来。

期末有形固定资产存量价值＝期初有形固定资产存量价值＋交易价值＋物量其他变化价值＋名义持有收益价值

影响有形固定资产的期初期末价值的变化主要有交易变化、物量其他变化和重估价变化。

1. 交易变化

交易变化反映常住单位通过交易所获得和处置的有形固定资产的价值。交易变化包括由固定资本形成总额和固定资本消耗引起的变化。

固定资本形成总额等于生产者在核算期内获得的固定资产减去处置的固定资产。固定资产获得包括购买的固定资产的价值，通过易货贸易获得的固定资产的价值，作为实物资本转移而接收的固定资产的价值，生产者留做自用的固定资产的价值。固定资产处置包括出售的现有固定资产的价值，在易货贸易中交付的现有固定资产的价值，作为实物资本转移交付的现有固定资产的价值。此外，对建筑物等现有固定资产进行改良，提高资产的生产能力、延长其使用年限，也是固定资本形成总额的一种形式。固定资产交易产生的所有权转移费用被视为固定资本形成总额。

固定资本消耗是核算期内生产者所拥有和使用的固定资产存量现值的下降，这种下降是由物理性消耗、正常陈旧或正常事故性损坏造成的。固定资本消耗不同于会计中的折旧，折旧通常用于历史成本的核销，而 SNA 中的固定资本消耗则取决于资产的现期价值。所有类型的建筑物以及机器和设备，都需要计算资本消耗。固定资本消耗是一种前瞻性的指标，它由未来事件而不是过去事件决定，即由机构单位在资产剩余使用年限内、在生产中使用该资产预期可获得的未来收益所决定。固定资本消耗由本核算期期初与期末之间剩余预期未来收益流现值的下降额来计算。

2. 物量其他变化

物量其他变化记录非交易因素引起的有形固定资产的出现和消失，主要包括以下情况：一是非交易固定资产的出现，如公共纪念物首次被认定要作为经济出现处理，属于资产物量其他变化。二是外部事件对固定资产价值的影响，即经济用途变化引起的固定资产质量变化，如被作为固定资产的家畜早于预期被送去屠宰、巨灾损失、无偿没收；固定资本消耗计算涉及的自然退化、废气和事故损失的正常比率假定出现错误，要在物量其他变化账户中进行调整；引入先进技术或者新的生产工艺而引起资产的意外淘汰。三是资产分类变化及机构单位变化引起的资产变化。

3. 重估价变化

重估价记录价格变化对有形固定资产价值的影响。名义持有收益是指资产价格随时间发生变化而对资产所有者产生的收益价值,包括已实现和未实现持有损益之和,既覆盖期初或期末出现在资产负债表中的固定资产,也覆盖在核算期内获得或处置的固定资产。

可以将名义持有收益分解为中性持有收益和实际持有收益。中性持有收益是指在不发生交易和物量其他变化的情况下,一笔资产为保持其能够交换到与期初相同数量的货物和服务而增加(减少)的价值。中性持有收益等于核算期期初的资产价值乘以用来衡量一般价格水平变化的某些综合价格指数的相应变化率。实际持有收益是指名义持有收益与中性持有收益之差。

二、我国资产负债表中的有形固定资产核算研究

(一)我国资产负债表中的有形固定资产范围及估价

从核算分类看,我国有形固定资产主要包括房屋和构筑物、机器和设备、培育性生物资源。其中房屋和构筑物包括住宅、非住宅建筑、其他构筑物等。机器和设备包括运输设备、信息通信设备,以及其他机器和设备。培育性生物资源包括能重复提供产品的动物资源与能重复产果的树木和植物资源。

从估价方法看,遵循市场估价原则,针对不同的资产类别选择相应的估价方法。对固定资产中的居民住宅采用市场价格估价。固定资产中的其他房屋和构筑物、机器和设备采用永续盘存法估价。由于基础资料难以把房屋和构筑物价值与其下面的土地价值区分开,实际核算中,房屋和构筑物包括下面的土地价值。培育性生物资源采用净现值法估价。从操作性和审慎性考虑,公共管理与公共服务用地上的房屋和构筑物(公用基础设施等)采用会计账面价值估价。

(二)我国资产负债表中的有形固定资产的核算方法及资料来源

有形固定资产不存在债权债务关系,只在持有者的资产项下反映。资产负债表中的有形固定资产反映的是净值,要扣除累计折旧。资产类别分为房屋和构筑物、机器和设备、培育性生物资源。

有形固定资产=房屋和构筑物+机器和设备+培育性生物资源

根据基础资料情况,可利用企事业单位的会计、统计及部门行政资料的资产总量和结构数据,主要采用账面价值、永续盘存法、市场价值法和净现值法等四种估价方法对有形固定资产进行核算。

1. 账面价值(历史成本价)

一般来说,政府办公楼和基础设施用地均为公共管理与公共服务用地,属于划拨用地,与商服用地和工矿仓储用地不同,其价值不能用市场价格重新估价测算。从操作性和审慎性考虑,可以采用会计账面价值估价,即根据历史成本价测算其价值。

从目前统计情况看,我国广义政府部门主要包括行政单位、事业单位、民间非营利组织,可利用资产负债表的相关会计科目进行核算,主要包括固定资产、在建工程、公共基础设施、公共基础设施在建工程等。数据来源于财政部《权责发生制的政府综合财务报告》《年度行政事业单位决算》中的资产负债简表以及民政部《中国民政统计年鉴》。

2. 永续盘存法

其他房屋和构筑物、机器和设备建议采用永续盘存法估算。该方法通过对已购置的并界定了使用年限的资产进行累加来完成资本存量的估算,其间要对各年固定资本形成数据进行加总,要考虑资产磨损和退役,进行价格转换,最后得到核算期当期价格的固定资产净价值。

(1)房屋和构筑物

房屋和构筑物核算可在历史成本价的基础上,通过永续盘存法进行估价,进而推算出现价价值。历史成本价的核算基础资料来源于企业资产负债表的相关科目,主要包括固定资产原值、在建工程、无形资产、存货、投资性房地产、其他非流动资产。无形资产仅指其中的土地使用权;存货指未出售的房屋和构筑物,以及土地储备[①];其他非流动资产指土地储备。

首先,根据历史成本价的其他房屋和构筑物价值存量数据,利用历年的建安工程投资等比例进行分劈,建立使用年限内的各年流量时间序列。

其次,根据相应的价格指数,计算出各年不变价的其他房屋和构筑物固

---

① 这里的存货指的是企业资产负债表中的存货,国民经济核算资产负债表中的存货不包括未出售的房屋和构筑物,以及土地储备;未出售的房屋和构筑物包括在固定资产中,土地储备则包括在非生产资产中。

定资本形成总额流量数据。其中价格指数可采用固定资产投资价格指数中的建筑安装工程价格指数、土地购置费用价格指数等。我国的固定资产投资价格指数从1990年才开始公布,之前的价格数据可以采用GDP中固定资本形成总额价格缩减指数代替同期的固定资产投资价格指数。

目前国内外学者大多采用Goldsmith于1951年提出的永续盘存法测算固定资本存量,我们建议采用该方法估计房屋和构筑物不变价存量。公式如下:

$$K_t = K_{t-1} \times (1-\sigma) + I_t$$

其中K_t为第t年的房屋和构筑物不变价资本存量,σ为折旧率,I_t为第t年的其他房屋和构筑物固定资本形成总额(流量数据)。初始存量根据我国实际国情确定。折旧率主要参考财政部对固定资产折旧的有关规定,一般其他房屋和构筑物的平均使用寿命为50年,可考虑采用直线折旧或几何折旧模式计算折旧率。

最后,根据相应的价格指数将不变价数据换算成现价数据,计算出年末其他房屋和构筑物现价存量。

(2)机器和设备

机器和设备采用永续盘存法核算,核算方法与其他房屋和构筑物的核算方法基本相同。历史成本价的核算基础资料来自企业资产负债表的固定资产原值和在建工程两个会计科目。利用机器和设备在固定资产原值和在建工程中所占的比重进行推算。其中,机器和设备所占比重可以利用统计部门的"非金融资产投资情况"和税务总局"资产折旧、摊销情况及纳税调整明细表"进行推算。

价格指数可采用固定资产投资价格指数,折旧率主要参考麦迪逊在1993年发表的《固定资本存量的标准化测算》中的建议,以及财政部《国有企业固定资产分类折旧年限表》,一般机器和设备的平均使用寿命为15年。

3. 市场价值法

随着城镇住房市场化改革的不断深化和城镇化进程的加快,我国房地产市场快速发展,房价迅速上升,城镇房屋造价与市场价值的差距越来越大,使得原来利用房屋造价计算的城镇居民住房存量价值被低估。随着我国统计制度的完善和核算方法的改进,建议城镇居民住房采用市场价值法核算。

城镇居民住房存量价值通过住户抽样调查的人均住房面积、人口统计数据以及住房重置价格核算。

城镇居民住房存量价值＝核算期末城镇居民人均住房建筑面积×核算期末城镇人口数×城镇住房重置价格

城镇住房重置价格是核算的关键。住宅的使用年限可能长达50年或更久，所以在它们最终报废、拆毁之前，所有权可能要多次易手。许多国家存在组织良好的市场，可以获取住房买卖资料，可采用二手市场上存量房的市场价格进行估价，也可采用核算期当年住房平均销售价格乘以折扣系数进行推算。其中住房平均销售价格资料来源于统计部门的商品房销售资料，该数据在相当大程度上取决于该时期内所出售房屋的位置和地形，可能无法充分覆盖所有区域，从而影响价格的代表性。随着使用年限的增加，折扣系数逐渐趋于零，当折扣系数为零时，视为该年建造的城镇住房的价值全部消耗掉。根据我国住宅质量及产权等情况，建议1978年至2000年的城镇居民住房采用3%的折旧率，2000年以后的城镇居民住房采用2%的折旧率。

4．净现值法

对年复一年在生产中被连续使用的牲畜、林木、植物资源，应以购买者现价为基础进行估价，但这种信息不易获得，建议采用净现值法估算其市场价值，即价值取决于该资产在其使用期限内预期获得的净收益。培育性生物资源仅在非金融企业部门和住户部门进行核算。净现值法的计算公式为：

$$w = \sum_{t=1}^{T} \frac{y_t}{(1+r)^t}$$

其中，w指资产价值，y_t指年预期净收益，r指贴现率，T指资产使用年限。

净现值法依赖于对未来收益的预测和贴现率的确定，关于贴现率，一种办法是根据资金成本来确定，另一种办法是根据最低资金利润来确定，建议贴现率可参考国债收益利率、行业平均利润率等确定。

根据我国的实际情况，林木类培育性生物资源的使用年限一般为15年左右，种畜类培育性生物资源的使用年限一般为8年左右。资料来源于统计部门农业统计资料等。

三、我国资产负债表中的有形固定资产核算的改进建议

(一) 进一步研究核算方法,使其符合国民经济核算国际准则

我国的有形固定资产核算仍面临一些技术难题:如我国国家层面缺乏对武器系统的细化核算;固定资本形成总额涉及二手资产交易,二手资产的价格要低于新资产的价格,用永续盘存法核算将带来较大误差,对资本存量核算带来影响;尚未将土地价值与房屋和构筑物价值分离,由于建筑物会折旧,但土地不会,此外土地易受到资产价格泡沫影响,若不分离土地价值将会影响估价的准确性,国际上澳大利亚、加拿大均单独估算土地价值。建议进一步开展方法研究,吸取发达国家经验,充分利用土地出让等行政记录资料,完善核算方法。

(二) 完善财务统计制度,为有形固定资产核算提供数据支持

目前,统计部门年度财务统计中仅有固定资产合计、固定资产原价、累计折旧等指标,其中固定资产项目包括房屋、构筑物、机器、机械、运输工具等,无法进行详细分类,不能满足有形固定资产的核算要求。从企业调研情况看,大型企业对固定资产有着更为详细的核算资料,如首钢总公司将固定资产细分为房屋建筑物、机器设备、运输设备、电子设备、土地等,建议进一步完善财务统计制度,细化固定资产的分类,增加生产性生物资产等财务指标,以满足资产负债核算要求。

(三) 加强国民核算体系建设,促进流量核算与存量核算衔接

目前我国的生产、分配和使用等流量核算比较健全,资产负债的存量核算比较薄弱。从国民经济体系看,资本账户、资产物量其他变化账户、重估价账户等都对期初期末资产存量变化产生影响。建议流量账户中的核算分类、核算方法要与资产负债表保持一致,固定资本形成总额、固定资本消耗与固定资产的核算范围、估价方法要保持一致,居民自有住房核算与住宅存量核算要保持一致。同时进一步健全我国国民经济核算体系,完善资本账户、金

融账户的核算,开展资产物量其他变化账户、重估价账户的核算,加强流量核算与存量核算的衔接,相互验证,提高数据质量。

参 考 文 献

[1] 国家统计局国民经济核算司.中国资产负债表编制方法[M].北京:中国统计出版社,1997.

[2] 经济合作与发展组织.资本测算手册(关于资本存量固定资本消耗及资本服务测算)[M].北京:中国统计出版社,2004.

[3] 联合国等.国民账户体系(2008)[M].北京:中国统计出版社,2012.

作者简介:郑艳丽,女,毕业于山西财经大学,硕士研究生,现为北京市统计局国民经济核算处副处长,高级统计师。

第四篇 资产负债表中的知识产权产品核算问题研究

柳　楠

知识产权产品是 2008 年 SNA 引入的新概念。这一概念的引入,拓宽了国民核算中的资产边界,使新的资产范围更能符合这个时代的经济发展特征。

一、2008 年 SNA 中对知识产权产品的定义及分类

(一) 知识产权产品的定义

对于知识产权产品,2008 年 SNA 中给出了比较清晰的定义,知识产权产品是研究、开发、调查或者创新的成果。由于知识产权产品包含大量知识的成果,受到法律和一些其他手段的保护,在使用中有一定的限制,因此开发者可以将它们应用于销售或者生产活动中进而获得利益。

事实上,知识可以形成一种独立的产品,也可以包含在某一项产品中。对于后一种情形,包含了知识的产品的价格通常会高于没有包含知识的同类产品。很明显,通过对产品的使用限制,当知识的运用可以为其所有者创造某种垄断利益时,知识就成了一种资产。如果知识的使用不再受到限制或者由于后来的技术发展而被淘汰了,那么它就不再是资产了。

有些知识产权产品由负责开发的单位或经转移后(比如购买)由该产品的单个单位单独使用;而另一些知识产权产品则存在两种使用形式——原件

和复制品。原件和复制品可以由一个单位控制,也可以将复制品直接出售后由不同单位控制。

但无论是被唯一控制的知识产权产品及复制品,还是被出售的复制品,如果能满足下述必要条件,即被用于生产的时期会超过一年,就可以将其视为固定资产。(如果复制品的使用是通过许可证得到的有限使用权,那么还需要满足持证者承担了与所有权相关的一切风险和报酬。)

根据2008年SNA对知识产权产品的建议,被视为固定资产的知识产权产品的购置应作为固定资本形成总额计入资本账户,与建筑物、机器设备等有形固定资产类似,基本遵从固定资产的记录原则。同时,针对其产品的特殊性,2008年SNA也给出了一些特别的处理建议。

比如,在某些情况下知识产权产品的所有者会免费发放复制品,那么在整个国民账户中将不会存在所有者和接受者之间的流量变化。但是,如果即便免费发放复制品,其所有者仍有可能预期获得利润的话,那么在资产账户中这些利润的现值就应该被记录下来。现实生活中有一些比较常见的例子,比如一些软件开发公司会在软件的测试阶段向公众免费发放软件的测试版,以及一些唱片公司会在唱片制作阶段免费发放试听单曲的CD,往往在这些情况下,知识产权产品的所有者能通过这种免费发放复制品的行为,进行产品宣传或者占领市场,进而在未来赢得利润。

再比如,某些知识产权产品的出现可能会刺激其他单位对同类知识产权产品展开生产,进而使所有者以外的单位获得利润。由于这些活动造成的影响并不能明确地衡量出价值量,因此2008年SNA建议不对这些影响进行处理,除非发生的活动对一方或双方造成了可以用货币计量的影响。这种情况在现实中常见的事例包括,一些新药品开发上的重大突破,或者某一个地区的矿藏勘探结果会对同类企业或者邻近单位的生产活动产生影响,但是此影响又很难被量化衡量。

(二)知识产权产品的分类

在2008年SNA中,根据不同产品的特性,知识产权产品主要被分为五大类:研究与开发,矿藏勘探和评估,计算机软件和数据库,娱乐、文学或艺术品原件,其他知识产权产品。这五类知识产权产品各有其不同的特点,下面分别进行简要介绍。

1. 研究与开发

研究与开发是指以增加知识储备为目的的系统性创新工作,所储备的知识主要用来开发和探索新的产品,包括对现有产品的改版升级以及开发更有效率的产品生产流程等。从严格意义上说,研究与开发的成果并不一定是一项有形产品,但是会对即将生产的产品有一定的影响,无论研发的成果是新的产品还是新的版本或流程等。

由于研究与开发可能没有严格意义上的产品,因此通常不会在市场进行价格明确的交易,很难确定其成果的价值,所以在1993年SNA中,研究与开发所支出的费用仅仅被作为中间投入,并没有计入固定资本形成总额。

实际上,虽然研究与开发的产品往往无法在市场上销售,但并不表示它在未来阶段没有价值。比如,一旦包含了新技术的产品投入市场,其售价会明显高于未包含新技术的产品。也就是说,人们之所以在现阶段投入大量资金进行研究与开发活动,其主要是为了在将来某一时期可以从此项活动中获得利益上的回报。考虑到研发活动的这一特殊性,2008年SNA改变了对研究与开发活动的核算原则,将研究与开发的产品作为固定资产,其支出计入固定资本形成总额。(同时在生产账户中,研究与开发的支出也由原来计入中间投入改为计入增加值。)

2008年SNA建议,研究与开发的价值应该按照它未来预期可提供的经济利益来决定。对研究与开发的估价,如果是市场生产者进行的活动,原则上应按照活动分包的市场基本价估值,如果是非市场生产者(如政府、大学、非营利机构)进行的活动,则应按照生产活动发生的总成本估价。不过在实践中,大部分市场生产者并不是从事简单的研发分包活动(即将整个研发活动打包出售,其企业账目中会有明确的销售收入、合同收入、佣金收入等),而是为了其自身今后的生产活动进行研发,这种情况下的研发成果并不会在市场直接出售,因此只能使用生产成本进行估值。不向其所有者提供经济利益的研发成果不形成固定资产,其支出依旧被视为中间投入。

2. 矿藏勘探和评估

矿藏勘探和评估是指对石油、天然气和非石油天然气矿藏进行勘探,并随后对这些发现进行评估的一系列活动。勘探、评估矿藏的目的是发现新的矿物或燃料储备量,以对其进行商业开采。这种活动可以由从事采矿或燃料开采的企业进行,它们一般是为了供企业自己使用;也可以由专门的企业进行,它们一般是为了用勘探结果赚取勘探费。无论活动由哪一方进行,勘探和评估的结果都会在此后若干年内对得到信息一方的生产活动产生影响。所以,无论矿藏勘探和评估的结果是否由企业自己使用,都应被视为获得知识产权产品,作为固定资产,其支出计入企业的固定资本形成总额。

矿藏勘探和评估作为知识产权产品的价值,主要是通过支出的成本来衡量的。这项活动的支出主要包括获取许可证前的费用、许可证费用、评估费用、实际试钻费用以及使得试钻得以进行而发生的航空测绘和其他测绘的费用、运输费用等。商业勘探还可能会发生再评估,这些再评估费用也应该计入此项知识产权产品的价值,包含在固定资本形成总额中。

3. 计算机软件和数据库

计算机软件包括计算机程序、程序描述和上述系统与应用软件的支持材料。数据库是指以某种允许高效访问和使用数据的方式组织起来的数据文件。这二者因其关联性和相似性被归为一类。

计算机软件和数据库的开发都可以是为了自己的使用或者是为了销售(整体销售或以复制品、许可证的形式销售)而进行的。开发者预期在生产中使用一年以上的计算机软件和数据库都应该被视作资产,计入固定资本形成总额。

计算机软件和数据库的价值应该以其市场价格来评估,而对于单位内部开发的计算机软件和数据库则按其成本进行估价。

4. 娱乐、文学或艺术品原件

娱乐、文学或艺术品原件是指记录或体现有戏剧表演、广播电视节目、音乐表演、体育比赛、文学和艺术作品等的影片、录音、手稿、磁带、模型等。此类作品通常是自行开发的,随后它们可能被一次性或通过许可证的方式销售。如果符合标准条件,原件和复制品都应该被视为固定资产。如果原件是贵重物品(比如价格不菲的绘画等),那么原件的生产过程就不应该被视为固定资产的自给性生产,虽然在生产过程中可能被归为在制品。

对购买娱乐、文学或艺术品原件的估值都是以购买者价格估计,内部使用的原件可以以成本价估值。

5. 其他知识产权产品

其他知识产权产品指除上述四项之外的其他应属于固定资产的知识产权产品。确认原则以知识产权产品的一般原则为主，估价原则主要是购买者价格（在市场中进行交易的产品）或成本价值（未在市场进行交易的产品）。

在以上五类知识产权产品中，矿藏勘探和评估、计算机软件和数据库，以及娱乐、文学或艺术品原件三类在1993年SNA中是作为无形资产计入固定资产的。2008年SNA给出了知识产权产品的概念，将以上三类无形资产归入了知识产权产品，并完善了这三类资产所涵盖的范围，其资产的估价原则并没有发生实质性的变化。而研究与开发和其他知识产权产品这两类知识产权产品在1993年SNA中未被确认为资产。

二、主要国家的知识产权产品核算情况

（一）美国的知识产权产品核算

美国的知识产权产品核算基本遵从了2008年SNA的建议，并以美国财务会计准则委员会（FASB）和证券交易委员会（SEC）制定的一般会计准则（GAAP）为基础，对知识产权产品的分类与2008年SNA所建议的完全一致。在对这几类产品进行估值核算时，主要根据会计记账科目中无形资产科目下的详细分类资料进行费用化或资本化，而且将从外部购买的知识产权产品和内部生产的自给性知识产权产品区别对待。

由于美国的知识产权产品核算基于FASB的基本会计准则，因此在处理过程中会与2008年SNA的建议略有不同，主要表现在以下几方面：

（1）依据FASB准则，除一些特殊情况外，研发支出通常都要被费用化；而根据2008年SNA的建议，研发支出通常是要被资本化的。

（2）依据FASB准则，软件开发成本只有在该软件的技术可行性被确认时才能被资本化，而2008年SNA建议无论是否存在技术上的可行性，与软件和数据库开发相关的支出都应该被资本化。

（3）依据FASB准则，矿藏勘探与评估的支出，比如测绘费用、运输费用和未发现矿藏储备的试钻支出等通常都作为费用，但是依据2008年SNA建

议,这些支出都应该资本化。

(4)对娱乐、文学或艺术品原件的处理,FASB 准则与 2008 年 SNA 基本一致,只是对音乐制品的处理略有不同。FASB 准则要求,对音乐制品的价值估计需要结合其音乐制作者过去的表现和艺术家目前的流行程度考虑,不能简单地以制作成本来估计价值,而 2008 年 SNA 的建议中则不用考虑音乐制品的流行程度。

美国针对知识产权产品中的研究与开发类产品单独编制了研发卫星账户,其中详细介绍了研发产品在国民账户中的记录方法,从产品的产出到增加值再到资本化。对内部使用的研发产品和出售给单位外部的研发产品需要分别处理,对企业、政府、高校和非营利性研究机构等不同的活动执行方,其支出在资本化后对整个账户的影响也有所不同。同时为了估算研发产品的实际价值,此卫星账户下建立了有针对性的研发价格指数。

(二)欧盟国家的知识产权产品核算

欧盟国家的国民核算执行的是 ESA 体系(The European System of Accounts)体系,ESA 体系与 SNA 体系基本类似,1995 年 ESA 与 1993 年 SNA 相对应,目前执行的 2010 年 ESA 与 2008 年 SNA 相对应。

2010 年 ESA 对知识产权产品的定义、分类、具体描述和估值方法都沿用了 2008 年 SNA 中的相关建议。知识产权产品作为非金融生产资产,在欧盟资产负债表的 AN.117 目录下。

欧盟统计局和 OECD 分别成立工作小组,针对知识产权产品核算的相关问题进行了讨论,并对知识产权产品的资产核算给出了一些双方达成共识的一般性建议。此外,OECD 还出版了《弗拉斯卡蒂手册》和《知识产权产品的资产核算手册》,手册中比较详细地提出了知识产权产品作为资产核算时的基础数据调查和核算原则。

《知识产权产品的资产核算手册》针对全部知识产权产品给出的原则性建议主要有以下几点:

(1)无论是外部购买的还是内部使用的知识产权产品,只要其可能会给拥有者带来利益,那么它的所有支出都应被计入固定资本形成总额。但对于专门用来出售的知识产权产品,购买该产品的支出是要被费用化的。同时,如果一项知识产权产品包含在另一项产品中（例如购买计算机时预装的软件系统），那么获得该被包含的知识产权产品的支出也应该被费用化。

（2）对于一年以上的生产许可和不足一年的生产许可应区别对待。对于前者来说，如果知识产权没有被包含在另一项产品内，那么购买它的支出则应该被计入固定资本形成总额，除此之外的其他情况都应该记为费用。

（3）无论知识产权产品的生产活动是否成功，只要满足资产的要求，都应计入固定资本形成总额。即便被证明是失败的，也不应从资产中移除。

三、我国资产负债表中的知识产权产品核算

（一）我国资产负债表中的知识产权产品核算现状

目前我国在资产负债核算中并未建立单独的资产账户对资产的流量情况进行描述，只是通过资产负债表记录了期初、期末资产的存量变动。

在我国之前的资产负债表中，知识产权产品并没有被作为单独的项目列入，只是在非金融资产目录下的固定资产科目下作为无形资产进行核算。这与1993年SNA中对无形资产的定义相一致，"知识产权产品"（在1993年SNA尚无知识产权产品的定义，只有矿藏勘探和评估等具体分类项）属于无形资产分类中的一部分，所有被统计到的无形资产在资产账户中都进行了恰当的核算。也就是说，虽然当时知识产权产品在我国资产负债表中并没有作为单独的核算分类存在，但是根据当时的核算原则，知识产权产品所应包含的核算项目并没有被遗漏。

2008年SNA修订了知识产权产品的核算概念和原则，会计核算中无形资产的记录原则与国民经济核算中记录知识产权产品的原则出现了较为明显的差异，国民核算中的资产范围比会计核算中的资产范围要更广泛一些。

依据我国会计准则，作为无形资产的一部分，知识产权产品通常表现为某种权利、某项技术或是某种获取超额利润的综合能力，很大程度上是通过自身具有的技术等优势为掌握它的单位带来未来经济利益。因此在会计核算中，能否为持有者带来未来经济利益是判断一项活动的支出能否被资本化的基本原则，即便现期判断其可能带来经济利益，但在未来某一时期被证明

该利益不可获得时,这笔支出也应该从资产记录中转回费用记录。但是在国民经济核算中,类似失败的实验研究、矿藏勘探费等都应该计入固定资本形成总额。通过详细的比对可以发现,会计核算中研究与开发、矿藏勘探和评估、计算机软件和数据库产品的资本化都要比国民经济核算的要求严格,如果使用会计核算中的无形资产作为知识产权产品的资本核算会导致数据的严重低估。只有娱乐、文学或艺术品原件在这两种不同的核算规则下基本一致,都是作为资产处理,并且对购买的娱乐、文学或艺术品原件的估值都是以购买者价格估计,内部使用的原件则以成本价估值。

由此可见,2008 年 SNA 修订了知识产权产品概念后,如果依然按照之前资产负债核算中的方式进行核算,会导致部分知识产权产品核算的遗漏。

因此,根据我国的会计核算原则和最新的国民经济核算体系,在我国最新的资产负债表中,非金融资产目录的固定资产科目下单列了知识产权产品目录,并将知识产权产品分为研究与开发、矿藏勘探和评估、计算机软件和数据库三类进行核算,未在条目中列出的娱乐、文学或艺术品原件与其他知识产权产品则依旧在固定资产科目下作为无形资产进行核算。

三类知识产权产品主要采用永续盘存法进行估价核算,从理论上来看,永续盘存法的基本计算公式为

$$K_t = K_{t-1} \times (1-\delta) + I_t$$

公式中主要涉及 4 个需要赋值与计算的变量,K_t 和 K_{t-1} 分别是第 t 期和第 $t-1$ 期某项知识产权产品的资产存量,I_t 是当期新增的某项知识产权产品的价值,δ 则是结合该知识产权产品的使用寿命和产品特点而确定的折旧率。具体到不同的知识产权产品,对这 4 个变量的计算与赋值略有不同。

1. 研究与开发

研究与开发产品的折旧率一般是根据各国的实际情况确定的,例如英国对研究与开发资产使用寿命进行了专项调查,将产品分为 9 类,每一类产品的使用寿命从 4 年到 12 年不等;澳大利亚根据专利数据计算,将研究与开发资产的平均使用寿命设定为 11 年;芬兰将研究与开发资产分了 5 类,寿命则是 7—20 年不等;荷兰的研究与开发资产平均使用寿命为 12.5 年。可见,各国研发资产的预期使用寿命差别较大。OECD 和欧盟统计局建议,理论上应该通过调查分析确定每类研究与开发资产的使用寿命,如果没有其他可用信

息,研究与开发资产预期使用寿命可定为10年。因此根据OECD和欧盟统计局的建议,我国可将研究与开发资产的使用寿命设为10年,利用几何折旧法确定永续盘存法中的δ值,并根据历史年度的研究与开发的资产流量值计算初始存量值。各年度的资产流量值主要是根据研究与开发产品的产出进行计算。

流量的现价与不变价值通过价格指数进行计算。研究与开发产品的价格指数考虑到其活动的特性,需要综合考虑当期的投资价格指数、分类别的生产者购进价格指数和研发人员的人力资本价格指数。

2. 矿藏勘探和评估

考虑到我国矿藏勘探的实际情况,可利用直线折旧的方式对矿藏勘探和评估进行折旧。初始存量值与流量值根据矿藏勘探和评估的资本形成总额进行计算。对现价与不变价值的核算,需要考虑相关的投资价格指数。

3. 计算机软件和数据库

计算机软件和数据库产品的特点与研究与开发产品有相似之处,但是使用年限应比研究与开发产品略长,采用几何折旧法确定永续盘存法中的δ值。初始存量值与流量值根据计算机软件和数据库的资本形成总额进行计算。现价与不变价的核算,参考消费价格指数中关于计算机软件与数据库的分类价格指数以及研究与开发产品的价格指数。

(二)我国资产负债表中的知识产权产品核算存在的问题和面临的挑战

1. 无形资产与知识产权产品的重复核算问题

如前所述,最新版的资产负债表中添加了知识产权产品目录,并将研究与开发、矿藏勘探和评估、计算机软件和数据库三类知识产权产品在此目录下进行核算,但是这三类产品的部分费用和支出在会计核算中已经被计入了无形资产,进而在核算固定资产科目下的无形资产时进行了核算。因此,虽然会计核算中知识产权产品的费用资本化要严格得多,但是仍然不能否认这三类产品在会计核算中已经被资本化的部分在资产负债表中存在重复计算。

如果想将知识产权产品与无形资产重复计算的部分扣除,需要在获取基础数据时将无形资产的数据进行严格分类,把会计科目无形资产中设计研究与开发、矿藏勘探和评估、计算机软件和数据库三类资产的数据进行分类调查,才可能做到无重复地核算知识产权产品的资产价值。

2. 个人名下的娱乐、文学或艺术品原件的资产较难统计

娱乐、文学或艺术品原件作为知识产权产品的核算是在无形资产中进行的。受无形资产数据取得的限制,对于记在个人名下、未在企业或相关部门登记的娱乐、文学或艺术品原件很难通过统计调查获得相关数据。这使得这部分属于个人娱乐、文学或艺术品原件的资产很难在资产负债表中被核算到。如果想无遗漏地统计核算这部分资产,需要从个人资产登记着手,通过完善的登记、统计制度,保证调查数据无遗漏。

参 考 文 献

[1] Copeland A. M., Medeiros G. W., Robbins C. A. Estimating Prices for R&D Investment in the 2007 R&D Satellite Account [J]. Bea Papers, 2007.

[2] Eurostat. Manual on Measuring Research and Development in ESA 2010. 2014.

[3] Eurostat. Manual on the Changes between ESA 95 and ESA 2010. 2014.

[4] Mataloni L., Moylan C. E. 2007 R&D Satellite-Account-Methodologies: Current-Dollar-GDP-Estimates[C] // Bureau of Economic Analysis. 2007.

[5] OECD. Handbook on Deriving Capital Measures of Intellectual Property Products [M]. 2011.

[6] Rassier D. G. Accounting for Intellectual Property Products: International Guidelines for National Economic Accounting and U. S. Rules for Financial Accounting [J]. Journal of Inverse and Ill-Posed Problems, 2013(1, 3):193—206.

[7] Robbins C. A., Candela F. V., Fadim-Nader M., et al. Methodology for the Industry Estimates in the 2007 R&D Satellite Account [J]. Bea Papers, 2007.

[8] 财政部会计司. 企业会计准则 2006[M]. 北京:经济科学出版

社，2006.

[9] 国家统计局国民经济核算司. 中国资产负债表编制方法[M]. 北京：中国统计出版社，1997.

作者简介：柳楠，女，毕业于剑桥大学，硕士研究生，现为国家统计局国民经济核算司 GDP 生产核算处副处长（主持工作）。

第五篇　资产负债表中的存货核算问题研究

律忠萍　陈亚宁

在资产负债表中,存货是一项重要的非金融资产。本文梳理了 2008 年 SNA 中关于存货定义、分类和估价的指导性框架,探讨了欧盟统计局和 OECD 编写的《存货核算指南》中三种具有实操性的存货存量核算方法,分析了目前我国资产负债表中存货核算的现状,提出了改进我国资产负债表中存货核算方法的建议。

一、2008 年 SNA 中的存货核算

(一) 定义和分类

2008 年 SNA 中的存货是指在当期或者较早时期生产,用于销售、在生产中使用或者在后期做其他用途的货物或服务。货物存货包括在进行进一步加工、出售、交付其他单位或以其他方式使用之前仍然被其生产单位持有的产出,以及从其他单位获得的准备用于中间消耗或不经进一步加工就转卖的产品;服务存货包括在制品或制成品,例如未完成的建筑图纸或已完成正等待依此来开始建造的建筑图纸。存货按照用途划分,包括以下几类。

1. 材料和用品

材料和用品是指企业存在仓库里准备作为中间投入用于生产的所有货物,最常见的是燃料、供组装的部件、包装材料等。

2. 在制品

在制品是指企业生产的,加工尚不够充分,尚未达到被其他机构单位使用时的正常状态的产出,包括培育性生物资源在制品和其他在制品。前者是指尚未达到能供其他机构单位正常使用的状态、未完全成熟的产出,仅包括一次性使用的培育性生物资源(重复产出的资源视为固定资本形成);后者是指除培育性生物资源之外的,其加工程度尚未达到能供其他机构单位正常使用状态的产出。

3. 制成品

制成品指生产者作为产出而生产的将提供给其他机构单位,并在此之前不再做进一步加工的货物。一般来讲,制成品存货只由其生产企业持有。

4. 军事存货

军事存货指武器或武器系统中一次性使用的物品,如弹药、导弹、火箭、炸弹等。

5. 供转售的货物

供转售的货物是指批发商或零售商等企业购买的货物,购买目的是将其转卖给顾客。

(二) 估价方法

按照 2008 年 SNA 规定,不同类别的存货估价方法不同。材料和用品存货按购买者价格估价;制成品存货按基本价格估价;培育性生物资源在制品存货利用净现值法估价,如正在生长的林木,通过预估销售林木的未来收益,扣除林木培育、伐木等费用确定其价值;培育性生物资源中的其他农作物和牲畜可以参考同类产品的市场价格进行估价;其他在制品存货根据期初的价值,加上当期发生的成本,考虑核算期内的价格变化进行重估价;供转售的货物按购买它们的价格估价,该价格中应包括付给供应者以外的企业的额外运费,但不包括提货企业自给性运输服务所花费的费用。

二、欧盟统计局和 OECD 编写的《存货核算指南》中的存货存量核算方法

2008 年 SNA 仅对存货核算提出了总体指导框架,并没有对具体核算方

法和操作实践进行阐述。欧盟统计局与 OECD 在 2008 年 SNA 指导框架下，编写了《存货核算指南》，为各国开展存货核算工作提供参考。

《存货核算指南》在总结部分国家存货核算实践经验的基础上，提出存货存量核算的三种方法：第一种是直接采用企业会计中的存货资料进行核算，这是目前大多数国家采用的方法；第二种是价格乘以数量的方法，该方法大多适用于农、林、牧、渔业以及燃料生产业等存货的价格和数量资料容易获得的行业；第三种方法是采用永续盘存法核算年末存货的存量。《存货核算指南》指出，各国采用哪种存货存量核算方法很大程度上由其基础数据情况决定。

（一）直接采用企业会计中的存货资料进行核算

这一方法的关键是对企业会计资料进行调整，使之符合 2008 年 SNA 的要求，具体需要以下几个步骤。

1. 调整企业会计资料中存货的口径

由于 2008 年 SNA 中存货的核算范围和分类与企业会计资料中存货的核算范围和分类有所差别，需要先对企业会计资料中的存货进行调整。表 5-1 列示了企业会计资料中存货与 2008 年 SNA 中存货的对应关系。

表 5-1 企业会计资料中的存货与 2008 年 SNA 中的存货的对应关系

企业会计资料中的存货分类	2008 年 SNA 中的存货分类				备注
	材料和用品	在制品	制成品	供转售的货物	
商品				√	
产成品			√		
半成品		√			
原材料	√				
在产品		√			
储备品	√				
已签订销售合同的未完工房屋和构筑物					应将这部分计入 SNA 中的固定资本形成
无销售合同的未完工房屋和构筑物		√			
无销售合同的完工房屋和构筑物			√		
土地					不属于 SNA 中的存货

表 5-1 中,各行表示企业会计资料中的存货分类,中间四列表示 2008 年 SNA 中的存货分类。根据 2008 年 SNA 的要求,对于在建的房屋和构筑物,如果事先签订了销售合同且购买者分期付款,即可认为法定所有权随着价值形成逐步转移,应将这类房屋和构筑物作为固定资本形成处理;如果没有销售合同,无论部分完工的或已完工的房屋和构筑物价值有多大,均作为生产者的存货即在制品或制成品处理。

此外,企业会计资料中的某些项目在国民经济核算中不应作为存货处理,如土地。当某些企业购买了大量的土地,对其进行开发以备出售时,企业会计会将土地作为存货记账;但是按照 2008 年 SNA 的要求,土地应当作为一项单独的资产列示在资产负债表中,因此应当将企业会计资料中的土地扣除。

2. 利用价格转换系数,将企业会计资料中存货的历史成本价格转换为市场价格

为了反映存货的市场价值,应当利用价格转换系数将历史成本价存货数据转换为市场价存货数据。不同类型的存货,价格转换系数也不同。

材料和用品以及供转售的货物是按购买时的价格记录的,应当根据资产负债表日的现行价格进行重估。材料和用品的价格转换系数可简单理解为资产负债表日价格与成本价之比,反映了其持有期间的市场价格变化。

在制品和制成品是生产者按成本记录的,应当将生产者价格转换为基本价格,后者不仅包括生产成本,还应包括相关的营业盈余和其他成本。

3. 通过乘以放大系数,核算非公司制企业的存货

基础数据(企业会计资料)均来自公司制企业,因此还需乘以一个放大系数,来估算包括非公司制企业在内的所有企业的存货价值。

直接采用企业会计资料核算存货是最为简单的方法,可以直接得到存货数据,目前大多数国家都采用这一方法核算存货。但是这一方法也有其缺陷:第一,对基础资料要求较高,需要企业完善的财务资料;第二,价格转换系数和放大系数的确定难度较大,特别是需要分别确定不同行业、不同种类存货的转换系数和放大系数。

（二）价格乘以数量的方法

对于某些存货，由于有相关调查所以较为容易获得其价格和数量数据，这类存货通常包括农作物、牲畜、燃油相关产品等。

价格乘以数量方法实施的关键是获得相关存货的价格和数量资料。例如，对于大多数国家，农作物和牲畜的价格一般可以从市场获得，数量可以从一些统计调查中获得；煤炭、原油、天然气等燃料的市场价格也比较容易获得，各国为了保持合理的能源储备也会统计其拥有的燃料数量；一些国家还会重点调查钢铁行业的产品数量，其市场价格也比较容易获得。因此，对于以上存货，用价格乘以数量是计算存货最为简单、准确的方法。

由于相关的价格和数量数据都是分产品的，因此价格乘以数量的方法更适用于产品层面，而非行业层面。然而，由于无法获得每一种产品的价格和数量资料，因此该方法仅可作为一种补充方法，无法用来核算全部存货。具体步骤包括如下。

1. 确定可用价格乘以数量方法核算的产品

由于适用该方法的产品有限，需要先确定哪些产品符合这一条件，即可获得该产品价格和数量资料。

2. 搜集数量资料

对于牲畜、燃料等，可以直接采用年末的数量；对于一些农产品，由于其收获季节不在年末，需要将其产量调整为年末数。

3. 价格乘以数量

在得到特定种类产品数量的基础上，用其市场价格乘以数量得到价值，这里的市场价格有可能是国内市场价格，也有可能是进口价格，或者国际市场价格。

4. 将特定种类产品价值分到行业和机构部门

首先要看特定种类产品的性质，确定存货类型（材料和用品、在制品、制成品以及供转售的货物），其次确定所属行业，如农作物、牲畜属于农业，原油、煤炭等属于工业，最后再根据普查或常规调查中有关资料分劈到机构部门。

价格乘以数量的方法操作简单，结果准确。核算特定产品时，完全采用市场价格,符合 2008 年 SNA 中对估价的要求。然而,该方法也存在一些不足:第一,该方法不适用于所有类型的存货,仅能作为一种补充性的核算方法;第二,价格和物量数据是具体到特定种类产品的,这意味着在国民经济核算中,对每一种类型的存货都需要搜集大量的、具体的有关数量和价格的数据,每一类产品又可能存在多种规格,其价格也不尽相同;第三,可能会存在重复计算,在既使用直接利用企业会计资料核算存货的方法,同时又使用价格乘以数量的方法作为补充时,可能会有重复计算。

(三) 永续盘存法

在资产负债表中,永续盘存法常常被用来核算固定资产,其基本思路是期末存量是在基期初始存量的基础上逐年累加净流量的结果。同样,可以用永续盘存法灵活核算存货的期末存量。

存货的现价期末存量等于初始存量,加存货的增加(如购买材料和用品、制成品或在制品的生产等),减去存货的减少(如材料和用品的耗用、存货的销售等),再加上或减去其他物量变化(如自然灾害引起的存货减少),最后加上重估价引起的存货价值变动(如存货价格变化引起的净持有收益)。传统的永续盘存法包括以下步骤。

1. 估算基期的初始存量

基期初始存量数据通常来自企业会计资料,需要对企业会计资料进行调整,以便与资产负债核算的要求保持一致,这些调整在第一种方法——直接利用企业会计资料法中已经介绍过了。基期初始存量数据也可能会用价格乘以数量的方法核算,在用这一方法核算基期存货初始存量时,需要注意企业会计记录存货方式不同会引起存货初始存量不同。这里简要介绍一下企业会计中存货的四种计价方法。

在企业会计中,存货按照历史成本计价,最常用的有四种方法,即个别计价法、先进先出法(FIFO)、加权平均法和后进先出法(LIFO)。

个别计价法是逐一辨认发出的各批存货和期末存货所属购进批别或生产批别,分别按其购入或生产时所确定的成本计价。这种方法是最为精确的方法,一般适用于不能替代使用的存货、为特定项目专门购入或制造的存货等。

FIFO 是以先购入的存货应先发出(销售或耗用)这样一种存货实物流转假设为前提,对发出存货进行计价。采用这种方法,先购入的存货成本在后购入存货成本之前转出,据此确定发出存货和期末存货的成本。

加权平均法是指进货成本加原有库存成本,除以进货数量加原有数量之和,得出存货的加权单位成本,以此为基础计算发出存货和期末存货成本的方法。既可以在每次进货时进行加权平均,也可以按期(如每月末)进行加权平均。

LIFO 是以最后购入的存货最先发出(销售或耗用)这样一种存货实物流转假设为前提,据此确定发出存货和期末存货的成本。

可以看出,采用 FIFO 核算存货时,存货的存量采用了最新的价格,是最为接近市场价格的方法;采用 LIFO 核算存货时,存货的存量采用了最早的价格,是最为偏离市场价格的方法。因此需要将采用 LIFO 法计量存货的企业会计资料调整为 FIFO 法。

2. 采用一个合适的价格指数,将基期的初始存量转换成不变价价值

由于存货的初始存量是不同时期购买或生产的存货的总和,因此其价格指数也应当是以前各期价格的加权平均,价格指数加权平均的权重取决于存货的周转率。

3. 确定基期以后各年的不变价存货变动,然后利用上一年不变价期末存量加本年不变价存货变动,得出各年不变价期末存量

4. 采用合适的价格指数,将各年不变价期末存量转换为现价期末存量

5. 核算存货的持有收益(重估价账户)以及存货的其他物量变化

永续盘存法是核算存货最理想的办法,既可以得到历年流量数据,也可以得到重估价的期末存量数据,这一方法需要比较可靠的期初存量数、存货变动数据、价格数据以及存货周转率数据。但这一方法也存在一些不足。

第一,该方法也需要大量的基础数据支持,尤其是分存货类型、分行业、分企业会计计价类型的存货数量和价格数据。有些国家的基础数据不够详细,却也使用了永续盘存法核算存货,这就会影响其最终核算结果的数据质量。

第二,该方法核算频率为年,当存货的价格和数量在某个月份或某个季度出现大幅波动时,可能导致不准确。

第三,关于周转率的基础数据往往缺乏,根据调查,几乎所有国家仅能提供存货周转率的近似值,而难以从企业调查中获得此类数据。

三、我国资产负债表中的存货核算现状

在我国资产负债表中,存货列示在非金融资产下方,涉及非金融企业部门、政府部门和住户部门,其中最主要的是非金融企业部门。

(一)非金融企业部门的存货

资产负债表中非金融企业部门的存货按其对应的17个国民经济行业分类核算,以企业会计资料为基础,对存货范围进行一定调整。

1. 存货的范围和分类

在企业会计中,存货指企业在日常活动中持有以备出售的库存商品、处在生产过程中的在产品以及生产过程(包括提供劳务过程)中耗用的材料和物料。按国民经济行业,存货可分为:农业存货,包括粮食、人类活动培育的正在生长的一次性农作物(包括林木)、为屠宰而饲养的牲畜;工业存货,包括工业企业材料和用品、制成品、在制品、半成品;建筑业存货,包括库存材料、周转材料、委托加工物资和各种低值易耗品及其他用品;商业存货,包括批发商和零售商准备转销、不再加工的货物;交通、运输和仓储业存货,包括燃料和备品、备件;政府所持有的战略物资、粮食以及对国家特别重要的其他商品库存;房地产业存货,包括原材料类存货、设备类存货、产成品类存货、开发用品类存货;其他服务业存货,包括办公用品等。

目前,按照2008年SNA的要求,我国资产负债表中存货的核算范围在以上基础上对建筑业、房地产业、租赁和商务服务业进行了调整:扣除了建筑业存货中的未完工的住宅、非住宅建筑物、基础公共设施等;扣除了房地产业存货中的未出售的房屋等;扣除了租赁和商务服务业企业中的土地存货。

2. 核算方法

鉴于基础资料状况,我国资产负债核算中非金融企业部门的存货采用分行业核算,分别采用适合各行业存货特点的方法进行核算。

(1)采矿业,制造业,电力、热力、燃气及水生产和供应业,批发和零售业,住宿和餐饮业存货

这五个行业有联网直报企业会计资料,可以利用一定的推算方法得到全行

业企业的存货数据。

（2）建筑业存货

根据企业会计的定义，建筑业存货中含有未完工的住宅、非住宅建筑物、基础公共设施等固定资产建筑工程。资产负债核算中将建筑业企业会计资料的存货一部分计入固定资产，另一部分作为该行业存货。

（3）房地产业存货

房地产业会计资料中的存货包括未出售的房屋、建筑材料。资产负债核算中将房地产业企业会计资料的存货一部分计入固定资产，另一部分作为该行业存货。

（4）农业和交通运输、仓储和邮政业存货

以相应行业国有及国有控股企业存货为基础，利用经济普查年度资料推算全行业企业总资产，再根据全行业企业总资产与国有及国有控股企业总资产的比重对国有及国有控股企业存货进行放大，得到全行业企业存货。

（5）租赁和商务服务业存货

根据规模以上服务业法人单位财务状况表中租赁和商务服务业存货资料，扣除其中的土地存货，再利用租赁和商务服务业经济普查年度总资产与规模以上租赁和商务服务业总资产的比重进行外扩，得到租赁和商务服务业企业的存货数据。

（6）其他服务业（租赁和商务服务业除外）存货

其他服务业（租赁和商务服务业除外）的存货核算是分行业进行的。规模以上服务业法人单位财务状况表可以提供信息传输、软件和信息技术服务业，科学研究和技术服务业，水利、环境和公共设施管理业，居民服务、修理和其他服务业，教育、卫生和社会工作，文化、体育和娱乐业的存货资料，再利用其他服务业（租赁和商务服务业除外）各行业经济普查年度总资产与规模以上服务业（租赁和商务服务业除外）总资产的比重进行外扩，得到其他服务业（租赁和商务服务业除外）各行业企业的存货数据。

（二）广义政府部门的存货

广义政府部门的存货包括行政单位存货、事业单位存货和民间非营利组织存货之和，取自财政部和民政部有关资料。

(三) 住户部门的存货

住户部门的存货包括个体经营户存货和农户农业存货。个体经营户集中在工业、建筑业、批发和零售业、交通运输、仓储和邮政业、住宿和餐饮业以及居民服务、修理和其他服务业。农户农业存货是指农户饲养猪、羊、家禽形成的存货以及粮食储备形成的存货。

个体经营户存货根据相关行业存货（来自非金融机构部门分行业存货数据）乘以该行业个体工商户缴纳的增值税占该行业全部增值税的比例核算得出。

农户农业存货中饲养猪、羊、家禽形成的存货根据年末存栏数乘以年末单价得出；粮食储备存货则是根据农户年末粮食库存乘以年末粮食混合平均单价得出。

四、我国资产负债表中的存货核算存在的问题及建议

我国资产负债表中的存货核算基本上采用了两种方法，即直接利用企业会计资料法和价格乘以数量法。其中，非金融企业部门的存货是通过先对企业会计资料进行调整，再利用调整后的数据进行核算；政府部门的存货通过直接利用相关部门行政记录进行核算；住户部门中的特定类型存货，如猪、羊、家禽、粮食等则采用了价格乘以数量的方法。可以看出，我国资产负债表中存货核算方法基本符合2008年SNA的要求，也符合欧盟统计局和OECD《存货核算指南》的推荐做法，但也存在一些需要改进的地方。

一是存货中房屋和构筑物的比例的确定缺乏可靠依据。在对企业会计资料进行调整时，需要从相关行业存货中扣除房屋和构筑物。根据相关调研反映的情况，建筑业、房地产业存货中房屋和构筑物（包括土地）占比一般较高；部分租赁和服务业企业（如城投公司）存货主要为土地，难以代表整个行业。然而，现有的报表制度仅有存货这一项指标，而没有其他构成指标，因此目前尚无可靠的依据确定扣除比例。

二是考虑对存货进行重估价。2008年SNA对不同类型的存货给出了估价建议，欧盟统计局和OECD《存货核算指南》中也阐述了采用市场价值核算存货的可操作方法。但目前由于基础资料的限制，我国资产负债表中的存货仍采用历史成本价格核算。

针对以上问题,结合我国国情,笔者提出以下几点建议。

一是改进和完善现有统计制度。在现有报表制度中增加存货的构成项指标,尤其是房屋和构筑物,为合理确定部分行业存货中房屋和构筑物的扣除比例提供依据。

二是充分利用经济普查和投入产出调查搜集的数据。可以结合2018年第四次全国经济普查或2017年的投入产出调查,搜集分产品的价格和数量数据,为存货的重估价提供数据支撑。

三是灵活采用多种核算方法。以直接利用企业会计资料法为基础,以价格乘以数量法为补充,灵活采用多种方法核算存货。由于永续盘存法基础数据需求量大、对流量核算要求高,目前难以采用。

四是开展典型调查,重点行业重点调查。特定类型的存货通常集中在几个行业,如煤炭、石油等属于工业,农作物、牲畜等属于农业,对这些行业可开展重点调查,搜集特定类型产品的价格和数量数据,采用价格乘以数量法核算存货。

参 考 文 献

[1] Eurostat-OECD. Eurostat-OECD Compilation Guide on Inventories. 2017.

[2] IMF. Quarterly National Accounts Manual. 2001.

[3] Manik Shrestha, Segismundo Fassler. Changes in Inventories in the National Accounts. IMF Working Paper WP/03/120,2003.

[4] 财政部会计司编写组. 企业会计准则讲解2006[M]. 北京:人民出版社,2007.

[5] 贾明春. 政府与事业单位会计(第二版)[M]. 北京:经济科学出版社,2011.

[6] 联合国等. 国民账户体系(2008)[M]. 北京:中国统计出版社,2012.

作者简介:律忠萍,女,毕业于南开大学,本科,现为国家统计局国民经济核算司GDP使用核算处一级调研员,高级统计师。陈亚宁,女,毕业于对外经济贸易大学,硕士研究生,现为国家统计局国民经济核算司资产负债核算处主任科员,中级统计师。

第六篇 资产负债表中的土地核算问题研究

周　晶

资产负债表中的非金融资产分为生产资产和非生产资产两大类。非生产资产包含自然资源，合约、租约和许可，商誉和营销资产三类。其中自然资源的一项重要资产就是土地，但由于受到数据来源的限制，以及土地估价技术尚不成熟，土地核算是资产负债表编制的一个难点问题，国际上对土地核算的研究和实践仍处于探索阶段。本研究首先阐述土地核算的基础理论和原则，然后梳理国内外土地核算的方法与实践，最后结合我国现有的数据资料，提出我国分类型的土地资产核算建议。

一、2008 年 SNA 中的土地核算方法

（一）土地的定义及分类

在 2008 年 SNA 中，土地被定义为地面本身，包括覆盖的土层和附属的地表水，所有者可以通过持有或使用它们对其行使所有权，并获取经济利益。① 关于土地资产的定义可以做如下延伸解释：土地是一种自然资源，但列入一国地理表面区域内的所有土地未必都属于 SNA 的资产范围，只有那些所有权已经确立并已得到有效实施的自然性资产才有资格成为经济资产，并计入资产负债

---

① 2008 年 SNA：10.175。

表,也就是说,土地资产必须满足如下两个条件:某个或某些单位能够对其行使有效的所有权,并且其所有者会因对土地的持有或在一段时间内的使用而获取经济利益。①

土地不是同质资产,不同用途和不同地理区位的土地估价差别较大,因此明晰土地分类是土地核算的前提。2008年SNA没有明确规定土地的具体分类,ESA2010根据2008年SNA原则,将土地分为以下四类:建筑物或构筑物占用土地(AN.2111)、耕作用地(AN.2112)、休闲用地和连带的地表水域(AN.2113)、其他土地和连带的地表水域(AN.2119)。SEEA 2012则提供了分别基于土地利用和土地覆盖的两种土地分类体系。其中基于土地利用的土地分类体系与ESA 2010中的分类更为接近。在该分类体系中,土地被细化为七个子类:农业用地、林业用地、水产养殖用地、房屋及相关土地、环境功能的维护和恢复用地、未另分类的其他用途土地、未用土地。另外,内陆水域从土地中分离出来,自成一类,并且细分为四个子类。

经济合作与发展组织(OECD)根据2008年SNA原则,在归纳有关国家土地核算实践的基础上,建立了一套国际通用的土地分类体系(见表6-1),并已于2015年起在OECD成员国开始推广。

表6-1 OECD拟定的新的土地分类体系

AN.2111 建筑物或构筑物占用土地
AN.21111 住宅用地
AN.21112 其他建筑物或构筑物占用土地
AN.2112 耕作用地
AN.21121 农业用地
AN.21122 林地
AN.21123 用于水产业的地表水域
AN.2113 休闲用地和连带的地表水域
AN.2119 其他土地和连带的地表水域

资料来源:Compilation guide on land estimation. Eurostat-OECD. 2015。

---

① 2008年SNA:1.46。

OECD拟定的新的分类体系具有以下特点：一是该土地分类体系涵盖的是一国内可视为资产的土地类型，即经济所有权可转让、可产生经济收益的所有土地；二是分类方法依据的是土地用途；三是该分类体系沿用了现有分类体系，与 ESA 2010 中的土地分类一致；四是为保证国际可比，该分类体系只提供了最低通用标准，仅仅是在 ESA 2010 分类体系的基础上添加了建筑物或构筑物占用土地及耕作用地的细化子类。各国可根据实际情况在此分类基础上进一步细化，纳入更多土地类型。

（二）土地的估价原则

1. 总体原则

2008 年 SNA 提出了资产估价的基本原则：理想情况下，资产负债表中的所有资产都应当采用可观测的市场价格估价。如果所有资产在市场上都能够正规、活跃、自由地交易，则以现期市场价格对资产负债表进行估价时，可以采用市场中所有交易的总平均价格。如果资产在近期内没有在市场上买卖，从而没有可观测到的市场价格，那就只能按照一个假定价格——假定在资产负债表编表日市场上获得该资产的可能价格——进行估算。[①]

除了利用市场中观测到的价格或基于市场观测价格而估算的价格，对于土地资产，还可以利用土地预期未来经济收益的现期价值或贴现价值来得到近似的市场价格。[②] 土地的现期市场价值会因为其位置不同以及用途不同而有明显区别，因此，需要识别每一块土地的位置和用途或土地的地域范围，然后予以估价。[③]

2. 其上附有建筑物或构筑物的土地估价原则

2008 年 SNA 规定以下内容不包括在土地的价值之中：坐落在该土地上或途经该土地的房屋或其他构筑物，培育的农作物、树木和动物，矿物和能源储备，非培育性生物资源和地下水资源。附属的地表水包括可以对其行使所有权、并因此可以作为机构单位之间交易对象的所有内陆水域（水库、湖泊、河流等），包括在 2008 年 SNA 的土地范围内。然而，对于经付款可从中定期

[①] 2008 年 SNA：13.18。
[②] 2008 年 SNA：13.19。
[③] 2008 年 SNA：13.45。

提取水并将之用于生产（包括灌溉）的水体，不属于土地的附属水，而是包括在水资源中。①

原则上，记录在资产负债表中的土地价值不包括土地之上建筑物的价值，建筑物价值也单列在固定资产项下。② 但事实上，土地经常与其上的房屋或其他构筑物及种植园等一起被购买或出售，因此，如何区分土地价值以及其上建筑物的价值是土地估价的难点之一。对于其上有建筑物的土地估价，根据 2008 年 SNA 给出的原则③，可以分为如下四种情况。

① 对于其上有建筑物的土地，有时市场可以直接提供土地价值的数据。此时直接使用土地的市场价格。

② 最常见的情况是无法获得土地价格的直接数据，此时较通用的方法是，根据价值评估报告计算场地价值与建筑物价值的比率，然后利用建筑物的重置成本或土地和建筑物的合并市场价值，推算出土地的价值。SEEA 2012 提出了这种情形下的另一种方法：使用住宅及其他建筑物和构筑物存量之折旧价值的估计值（通常是为了核心国民账户而编制），从合并价值中扣除这一数额。④

③ 如果土地价值不能与其上的建筑物、构筑物、种植园、葡萄园等分开，该复合资产应当划入价值较大的那一类资产中去。

④ 如果不能确定土地价值大还是构筑物价值大，那么按惯例，这笔交易应算作购买构筑物，也就是说要计入固定资本形成总额。类似的原则也适用于种植园。

3. 关于土地改良价值和所有权转移费用的归属原则

土地改良是指能够极大改良土地的数量、质量或生产率，或者防止土地退化的行为。与该土地结合在一起的活动都可视为土地改良，如土地清理、土地修筑、修筑水井和灌溉水渠等。修筑海堤、堤坝、水坝和大型灌溉系统等的活动是在土地附近进行的，并未与土地结合在一起，经常会影响同属于几

---

① 2008 年 SNA：10.175。
② 2008 年 SNA：13.44。
③ 2008 年 SNA：13.46，10.177。
④ SEEA2012：5.303。

个所有者的土地,通常由政府来实施,因此所形成的资产应归为建筑物。①

原则上,记录在资产负债表之自然资源项下的土地价值不包括土地改良的价值以及土地之上建筑物的价值。土地改良价值单列在固定资产项下。② 如果土地改良价值(包括为建筑物施工或农作物种植而进行的场地清理和准备)无法与自然状态的土地价值分开,土地的价值也要根据价值较大的那一部分而归入相应类别的资产当中。③ 所有土地的所有权转移费用都应包括在土地改良中。④

二、国际土地核算方法与实践

2008 年 SNA 仅对土地估价核算提出了总体指导框架,并没有对具体核算方法和操作实践进行阐述。2015 年,欧盟统计局与 OECD 在 2008 年 SNA 指导框架下,综合已经进行土地核算实践国家的经验,编写了《土地估价指南》⑤,为各国开展土地核算工作提供参考。除此之外,一些国际组织在测算国民财富的研究报告中也涉及土地价值的估算,例如,世界银行⑥在 2006 年、2011 年先后发表了关于全球国民财富的报告,对 120 个国家的财富进行了估算,其中包括城镇土地和耕地、牧场等土地资产;联合国分别在 2012 年和 2014 年发布了《包容性财富报告》⑦,其中涵盖了对耕地和牧场的估价。

(一) 欧盟统计局与 OECD《土地估价指南》的估价方法

《土地估价指南》依据 OECD 建立的新的土地分类体系,在总结部分先进国家土地核算实践经验的基础上,提出分土地类型的土地估价方法。《土地估价指南》中的土地估价方法分为两类:直接估价法和间接估价法,其中用间

---

① 2008 年 SNA:10.79。
② 2008 年 SNA:13.44。
③ 2008 年 SNA:13.46。
④ 2008 年 SNA:10.81。
⑤ Compilation guide on land estimation. Eurostat-OECD 2015。
⑥ Where Is the Wealth of Nations: Measuring Capital for the 21th Century. Word Bank. Washing D. C. 2006。
⑦ Inclusive Wealth Report 2014: Measuring Progress toward Sustainability. UNU-IHDP and UNEP. Cambridge: Cambridge University Press. 2014。

接估价法计算土地价值又分为剩余法、土地建筑物比率法和特征价格法三种。

1. 直接估价法

直接估价法是将土地面积与其对应价格相乘得到土地价值。如果能够获得可靠的土地市场价格和面积数据,就可以使用直接估价法对土地进行估价。为了提高直接估价法的准确性,建议在较低的区域级别层面分类型对土地价值进行估算,然后加总得到全国土地价值。直接估价法公式表示如下:

$$V_j = \sum_i P_{ij} \times A_{ij}, V = \sum_i V_j$$

其中,V_j是区域j的土地价值,P_{ij}是区域j内i类土地的平均单价,A_{ij}是区域j内i类土地的面积。将区域土地价值逐级相加得到全国土地总价值V。

直接估价法的优点是计算过程简单方便,估价结果比间接估价法稳定,可普遍应用到未被建筑物或构筑物占用的土地估价,特别适用于耕作用地的估价。直接估价法的缺点是对数据有很高的要求,要求掌握每块土地的价格和面积。一般情况下,土地面积数据比较容易获取,但是土地价格在很大程度上受位置、用途、周边配套设施等多种因素影响,获取难度较大。在国际土地估价实践中,该方法被普遍用来对农业用地进行估价(具体实例参见附录6-2 中韩国和荷兰应用"直接估价法"的实践)。

2. 间接估价法

如果无法获得建筑物占用土地的裸地信息,则可考虑采用间接估价法估算土地价值。大多数间接估价法的起点都是计算包括土地价值和其上建筑物价值的综合价值(也称"房地产价值"),然后选择适当的方法从综合价值中分离出土地价值。

(1)计算综合价值

计算综合价值的方法有评估法和数量价格相乘法两种。具体选择哪种方法取决于数据来源,在理想情况下,这些数据应该基于市场交易数据。

① 评估法。这是一种自下而上的方法,数据基础是微观层面的房地产登记系统,包括实际交易价格、位置、规模、建筑年代等信息。该方法首先根据每一幢房地产的具体特征(例如价格、位置、面积、建筑年代等)来估算其价值,然后将所有房地产价值加总得到机构部门或者国家层面的房地产价值。

很多国家因为房产税征收的目的会对所有房地产进行评估,因此基本满足评估法的数据要求。

评估法主要有以下三种:一是成本法,即重置成本法,利用重新建造同样房地产的投入价格进行估价;二是收入法,即净现值法,将房地产的未来收益通过折现率折现到当前价值;三是比较法,参考其他可比交易来估价。

② 数量价格相乘法。这是一种自上而下的方法,首先将一个国家内的住宅数量分解到地区,然后利用房地产市场的地方价格对各地区房产分别进行计算,最后加总得到全国层面的数据。该方法主要用于住宅地产总价的估算,很少用于非住宅地产总价的估算。

大多数国家使用的方法是从销售额数据中获取住宅地产平均价值,从人口和住房普查数据中获得住宅数量,两者相乘得到住宅地产综合价值。此方法假设市场上出售的住宅对于未出售的住宅具有代表性,利用住宅市场上可观测到的交易价格替代同期未出售的住宅价格。因此要求交易数据具有广阔的地理覆盖面,必须包含城市和郊区,这一点对于房地产价格存在较大地区差异的国家尤为重要(具体实例参见附录 6-2 中澳大利亚和意大利应用数量价格相乘法的实践)。

(2)计算土地价值

通过评估法或数量价格相乘法获得土地及其上建筑物的综合价值之后,可以采用剩余法、土地建筑物比率法或特征价格法等间接估价法得到土地价值。

① 剩余法

剩余法是从土地和其上建筑物或构筑物的综合价值中减除折旧建筑物或构筑物的价值得到土地价值。剩余法公式如下:

$$LV_i = CV_i - C_i, \quad LV = \sum_i LV_i$$

其中,LV_i 是第 i 类建筑(住宅、非住宅建筑、其他构筑物等)下的土地价值,CV_i 是此类不动产的综合价值(包含建筑物和土地),C_i 是建筑物的估算价值(通常通过永续盘存法计算得到);将所有类型建筑物下的土地价值 LV_i 加总得到全国范围内所有建筑物或构筑物下的土地价值。

理论上说,剩余法适用于所有建筑物或构筑物占用土地价值的计算,但由于计算交易活动不频繁的构筑物和个别类型的建筑物（例如工厂、商业中心）的综合价值存在一定难度，因此剩余法最好用于住宅和经常在房地产市场中频繁交易的个别类型的非住宅建筑物占用土地价值的计算。很多国家能够获得不动产的综合价值以及建筑物的折余价格，因此可采用剩余法估算建筑物下的土地价值。但是，使用剩余法时也要慎重。部分国家运用此法得出的土地存量为负值，并且当其上建筑物价值采用永续盘存法估算时，房地产的大多数持有损益都将分配给土地（具体实例参见附录6-2中加拿大、意大利、丹麦应用剩余法的实践）。

② 土地建筑物比率法

土地建筑物比率法通过将建筑物的价值乘以土地建筑物比率来间接计算土地价值。土地价值计算如下：

$$土地价值 = 建筑物价值 \times 土地建筑物比率$$

其中，土地建筑物比率通过计算样本地产的土地价值与其上建筑物价值的比率得到。

在大多数使用土地建筑物比率法估算土地价值的国家，住宅与其他建筑物和构筑物的估价都是基于永续盘存法，而土地建筑物比率则是通过样本地产来估算的。通过考察某一区域房地产样本的土地价值及其上建筑物价值，可以得到样本的土地建筑物比率。由于土地建筑物比率受房地产特征（如类型、位置、区域等）影响较大，因此，在越细化的水平上应用此公式，通过此方法得到的土地价值就越精确。

如果能够获得比房地产综合价值数据更可靠的土地建筑物比率的样本数据，建议采用土地建筑物比率法。土地建筑物比率法能够避免土地价值为负值的问题，但是通过样本计算得到的土地建筑物比率的代表性会显著影响估算结果的可靠性。对于住宅来说，样本的代表性问题不大，因为很多国家都已经建立了获取当前住宅建设情况的调查框架。但是对于非住宅资产来说，比率的估算可能会遇到一些困难，最重要的一点是这类资产的市场流动性很差，此时可以依靠专业评估师对不动产或土地给出合理公平的估价，像工程建筑，如桥梁、公路等的土地建筑物比率可以考虑通过公共账户获得（具体实例参见附录6-2中加拿大应用土地建筑物比率法的实践）。

③ 特征价格法

目前,特征价格法尚未实际用于国家层面,而且尚未用于非住宅建筑物占用土地的估算。特征价格法以房地产属性为自变量,采用多元回归模型对土地价值进行估算。自变量包括房地产单位面积价格(土地和建筑物综合价值)、建筑物面积以及土地面积等。回归模型的形式并不唯一,自变量可根据实际数据的可得性情况和需要的模型精度确定。特征回归模型会分别得出给定时间段内每平方米土地及其上每平方米建筑物的代表价格。用每平方米土地的代表价格乘以待测算区域内土地的总面积即得出该区域土地价值。

特征回归模型能够获取独立的土地与建筑物价值,这是其他方法无法实现的,但是该方法并没有被广泛采用的原因如下:一是从技术层面看,该方法实际操作起来较为困难,除了需要花费大量时间来选择模型,还要尽量避免普遍存在的多重共线性风险;二是计算需要大量数据,必须收集包括建筑物和土地平方米数、建筑物使用年数及实际销售价格相关信息在内的庞大数据集;三是根据土地的不同用途以及不同位置计算单位面积价格更为合理,这就需要构建大量回归模型或引入虚拟变量;四是通过该方法得到的建筑物的估计数据很可能与通过永续盘存法得到的建筑物的资本存量数据不一致,要进行适当调整(具体实例参见附录 6-2 中丹麦应用特征价格法的实践)。

(二)世界银行对城镇土地和耕地、牧场等的估价方法

世界银行在 2006 年、2011 年先后发表了关于全球国民财富的报告,对 120 个国家和地区的财富进行了估算,其中包括城镇土地和耕地、牧场等自然资产。概括来说,世界银行对城镇土地的估价方法类似于土地建筑物比率法;对耕地、牧场和保护区域等土地估价采用的是净现值法。具体估价方法如下。

1. 城镇土地估价

一般来说,一个国家可以通过永续盘存法测算得到包括机器设备和建筑物的实物资产存量价值。世界银行(2006)采用 Kunte et al.(1998)的方法,将城镇土地资产价值视为实物资产价值的某一特定比率(0.24)。[①] 一般情况下,各个国家的这一比率有差异,但由于各个国家的详细比率信息不可得,故

---

① Kunte 等对加拿大的城镇土地价值进行了测算。城镇土地价值与建筑物价值比率为 0.33,而建筑物价值占全部实物资产价值的 72%。

将所有国家的这一比率均视为 0.24,对城镇土地价值进行估算。

2. 耕地、牧场、保护区域土地估价

世界银行对耕地、牧场和保护区域土地估价的基本思路为净现值法,即将资源的现时价值理解为未来一定时期从该资源中获取的净产出(即总收益扣除成本费用,亦即资源租金)的折现值之和,这也是经济学理论中对某种资源经济价值的较为普遍的理解或定义。

耕地收益为农作物市场价格扣除生产成本。依据全球种植面积、产量和收益的重要性,选取 9 种代表性农作物:玉米、稻谷、小麦、香蕉、葡萄、苹果、橘子、大豆和咖啡。种植各种作物的土地租金率(土地经济收入占产出的百分比)根据相关研究文献确定:玉米 30%、稻谷 51%、小麦 34%、香蕉 42%、葡萄 31%、苹果 36%、橘子 36%、大豆 27%、咖啡 8%。根茎类作物、豆类作物和其他农作物是除上述 9 种作物之外的其他农作物,可作为第 10 种代表性作物,其土地租金率为 3 种主要谷类作物土地租金率按照种植面积加权平均的 80%。一个国家总体的土地租金率按照种植面积将各类农作物租金率加权平均得到。假设在 2000—2020 年间,农作物种植面积不变,发达国家和发展中国家农作物产量分别按照 0.97% 和 1.94% 的速度增长。2020 年后产量维持不变,折现率取 4%。

在牧场估价过程中,牧场的租金率为 45%,产值根据牧场的牛肉、羊肉、牛奶和羊毛等产出的国际价格确定。假设在 2000—2020 年间,牧场面积不变,发达国家和发展中国家牧场产出分别按照 0.89% 和 2.95% 的速度增长。2020 年后产量维持不变。折现率为 4%,折现年限为 25 年。

保护区域能够为旅游业带来经济收益。保护区域的价值定义为将其改造为耕地或牧场的机会成本。因此,保护区域每公顷的价值定义为耕地和牧场每公顷收益的较小值。折现率为 4%,折现年限超过 25 年。[①]

(三)联合国对农业用地的估价方法

2014 年,联合国大学的全球环境变化人文因素研究计划(UNU-IHDP)和

---

① 保护区域数据来源:World Database of Protected Areas (WDPA), compiled by United Nations Environment Programme World Conservation Monitoring Centre (UNEP-WCMC)。

联合国环境署（UNEP）共同完成了《包容性财富报告2014》。该报告对各个国家的农业用地（具体包括耕地和牧场）价值进行了估算。

1. 耕地价值估算

估算思路是先采用净现值法估算单位面积耕地均价，然后与耕地面积相乘，得到一个国家的耕地总价值。具体步骤如下：通过选取159种农作物得到单位面积耕地的年平均租金价值，然后将年平均租金价值折现为当年价值，折现率取5%，折现期为无穷。将折现得到的单位面积耕地平均价值与耕地面积相乘，得到一个国家的耕地总价值。其中耕地面积数据来源于联合国粮食及农业组织。

2. 牧场价值估算

牧场价值估算方法与耕地价值估算方法类似。先通过净现值法估算得到单位面积牧场价值，然后与牧场面积相乘得到牧场总价值。牧场租金率设定为与耕地平均租金率一样。

三、我国资产负债表中的土地核算现状

（一）我国资产负债表中的土地界定及分类

纳入我国资产负债表中的土地，应该遵循2008年SNA关于土地资产的界定：土地是指由可实施所有权、其所有者可通过持有或使用而获得经济收益的地面，由土壤覆盖层和连带的地表水域构成。

在编制部门资产负债表时涉及土地所有权的划分。我国实行土地公有制，城市市区的土地属于国家所有，农村和城市郊区的土地，除由法律规定属于国家所有的以外，属于农民集体所有。而我国土地价格的含义不同于一般土地私有制国家：在我国，土地价格是以国有建设用地使用权出让、转让为前提，一次性所支付的多年地租的现值综合，是取得多年土地所有权支付的一种代价。但由于我国土地使用年限较长，一般都在50年左右，而且在使用期间也同样拥有转让、出租、抵押等权利，类似于土地所有权，因此，在我国土地使用者实际拥有土地的经济所有权，资产负债表中土地资产所有权的划分依

据应该是经济所有权。①

我国幅员辽阔,土地类型多样,土地分类是进行土地核算的基础。在对土地类型进行划分时,既要参照国际推荐标准,也要考虑我国现有的土地分类,更要符合土地核算的现实需求。国土资源部制定的国家标准《土地利用现状分类》(GB/T21010-2007),采用土地综合分类即土地利用分类,侧重土地的实际利用现状,根据土地的实际利用和覆盖特征对土地利用类型加以归纳和分类。本研究结合 OECD 推荐的土地分类体系以及我国《土地利用现状分类》,拟定以土地核算为目的的分类体系如表 6-2 所示。值得强调的是,根据资产负债表中的土地界定,《土地利用现状分类》中无法确定所有权或者无法获得经济利益的土地均不纳入资产负债表。

表 6-2　我国资产负债表土地核算分类体系建议②

OECD 拟定的土地分类体系		建议的土地分类体系及与我国《土地利用现状分类》中的对应
建筑物或构筑物占用土地(AN.2111)	住宅用地(AN.21111)	07 住宅用地
	其他建筑物或构筑物占用土地(AN.21112)	05 商服用地
		06 工矿仓储用地
		08 公共管理与公共服务用地(部分)③
		09 特殊用地
		10 交通运输用地
		11 水域及水利设施用地(部分)④

---

① 2008 年 SNA 对于类似情况也有相关规定:土地的长期租赁可作为土地的出售处理(2008 年 SNA:17.311)。如果自然资源的寿命是无限期的,且其在生产过程中的使用不影响该资产的属性或价值,则其所有者可能允许使用者延期使用该资源,其结果是:如果法定所有者不加以干预的话,使用者实际上在使用期内控制了对该资源的使用。对于土地,SNA 建议将所有者和使用者之间达成的协议视为土地的销售(2008 年 SNA:A4.49.)。

② 第一、二栏括号内是 OECD 拟定的土地分类体系编码,第三栏是我国《土地利用现状分类》中的编码。

③ 不包含 087 公园与绿地。

④ 仅包含 117 沟渠、118 水工建筑用地。

（续表）

OECD 拟定的土地分类体系		建议的土地分类体系及与我国《土地利用现状分类》中的对应
耕作用地（AN.2112）	农业用地（AN.21121）	01 耕地
		02 园地
		04 草地（部分）①
	林地（AN.21122）	03 林地（部分）②
	用于水产业的地表水域（AN.21123）	11 水域及水利设施用地（部分）③
休闲用地和连带的地表水域（AN.2113)		03 林地（部分）④ 04 草地（部分）⑤ 08 公共管理与公共服务用地（部分）⑥ 11 水域及水利设施用地（部分）⑦
其他土地和连带的地表水域（AN.2119）		12 其他土地（部分）⑧

（二）我国土地估价核算的现状

目前，我国政府统计系统尚未开展全面系统的土地资产核算工作，但有一些研究项目和研究机构对某些类型的土地进行了核算。另外，部分学者在尝试编制国家资产负债表，或者在进行资源核算的过程中，涉及了土地资产的估价。在这里需要特别澄清一点的是，关于土地资源的核算与资产负债表中土地资产的经济核算范畴不完全一致，土地资源侧重的是土地的客观存在，土地资产强调的是土地的经济属性，即所有者可通过持有或使用而获得经济收益。虽然核算范畴有所差异，但资源核算中的土地估价方法仍然可供参考和借鉴。

---

① 仅包含用于畜牧业的土地。
② 仅包含用于林业的土地。
③ 包含用于水产业的 111 河流水面、112 湖泊水面、113 水库水面、114 坑塘水面、115 沿海滩涂、116 内陆滩涂。
④ 仅包含用于休闲目的的林地。
⑤ 仅包含用于休闲目的的草地。
⑥ 包含 087 公园与绿地。
⑦ 仅包含用于休闲目的的水域。
⑧ 上述土地分类以外的能够获得经济收益的其他土地和连带的地表水域。

1. "中国森林资源核算研究"项目组(2015)有关林地资产的核算

2013年,国家统计局和国家林业局开展了中国森林资源核算研究,2015年形成研究成果《生态文明制度构建中的中国森林资源核算研究》。该报告根据SEEA 2012中心框架提出的林地林木核算方法,结合中国森林资源统计特点,采用年金资本化法对我国林地资源进行了核算。林地价值评估公式如下:

$$V = \sum_{i=1}^{n} \frac{A_i}{P}$$

其中,V为林地地价,i代表林地类型,A_i为第i种林地类型的年平均租金,采用各省(自治区、直辖市)调查结果,P为投资收益率,采用2.5%。

2. 北京林业大学张颖等(2015)有关林地资产的核算

北京林业大学张颖等(2015)编著的《生态效益评估与资产负债表编制——以内蒙古扎兰屯市森林资源为例》对扎兰屯市林地资源进行了核算。考虑到扎兰屯市森林资源的实际情况,以及森林资源清查数据和核算资料的收集情况,该研究对林地价格的确定采用"林地期望值"法,即以预期林地年收益资本化的方法计算林地价格。具体公式为:

$$V = \frac{a}{1+r} + \frac{a}{(1+r)^2} + \frac{a}{(1+r)^3} + \cdots + \frac{a}{(1+r)^n}$$

当$n \to \infty$时,公式简化为$V = \frac{a}{r}$。

其中,V为林地价格的估计值,a为林地地租的平均期望,r为折现率。

3. 中国科学院地理科学与资源研究所(2015)关于湖州市自然资源资产负债表编制研究

2015年,中国科学院地理资源所封志明研究员率领团队完成了湖州市自然资源资产负债表的编制工作。依据土地利用现状分类标准,湖州市自然资源资产负债表对耕地、林地、园地、草地和水域五大自然地类进行价值核算。

该研究选用直接市场法对土地价值进行核算。数据主要来源于统计和资源清查资料。土地资源存量及变动数据、土地资源基准价格等数据主要来源于湖州市2010—2013年逐年土地利用变更数据和基准地价数据;耕地、园地等质量数据来源于湖州市农业统计资料。

4. 马骏等(2012)有关居民房地产和地方政府土地储备的估价

德意志银行大中华区首席经济学家马骏、复旦大学学者张晓蓉和李志国等于2012年合作编著了《中国国家资产负债表研究》，其中涉及关于居民房地产和地方政府土地储备价值的估算。

居民房地产按照重置成本进行估值，根据统计局公布的城镇人均住房居住面积、农村人均居住面积以及城乡人口，可以推算城镇与农村的住房总面积，分别估计城镇平均重置成本和农村平均重置成本，可以估算出房地产价值。地方政府土地储备为土地储备中心所持有的土地储备量。根据若干案例研究，假定地方政府持有的土地储备存量为当年土地出让面积的三倍，即按照地方政府土地储备存量市值为当年土地出让结余的三倍进行估算。

5. 李扬等(2013)有关居民住房价值和国土资源等土地资产的估价

中国社会科学院李扬等于2013年所著的《中国国家资产负债表2013——理论、方法与风险评估》，对居民住房价值和国土资源价值进行了估算。

城镇居民住房价值具体估算步骤如下。①根据国家统计局住户调查提供的城镇常住居民人均住房建筑面积乘以城镇人口数，计算出城镇居民住房存量面积。②关于折旧问题，采用每年3%的折旧率。由于房地产价值由房产与地产两部分价值构成，而后者一般不存在折旧问题；根据国家统计局公布的1998—2011年的数据，计算得出土地价值(以土地购置费用计算)约占房屋销售总额的1/5；据此，仅以住房价值的80%进行折旧(如此即等同于适用2.4%的折旧率)。③对相应年份的城镇新建住宅销售均价进行折旧调整后与住房面积相乘，即可得出城镇住房总价值。农村居民住房价值估算公式为农村居民住房价值＝人均住房面积×农村人口×农村住房年末均价。由于此处采用的是国家统计局提供的住房年末均价，而非本年新建住房均价，所以可以理解为折旧问题已被考虑。

李扬等(2013)关于国土资源的估价方法参考了世界银行(2006,2011)的基本研究思路，将国土资源(不含油气矿产资源)的现时总价值理解为未来一定时期从国土资源中获取的净产出(即总收益扣除成本费用，亦即资源租金)的折现值之和。由于数据所限，李扬等人未对耕地、草地、森林等不同资源收益进行详细的分类计算，而仅以笼统的"农林牧渔业总产值"代替，并统一采用40%为租金率。折现期和折现率与世界银行相同，分别为25年和4%。

6. 史丹等(2015)有关土地资源的核算

在史丹、胡文龙等编著的《自然资源资产负债表编制探索——在遵循国际惯例中体现中国特色的理论与实践》中,将土地资源按照二级分类体系进行分类。一级分类包括农业用地、建设用地以及未利用土地三大类。其中,农业用地包括耕地、园地、林地、牧草地、其他农业用地五类;建设用地包括居民及独立工矿用地、交通运输用地、水利设施用地三类;未利用土地没再进行细分。

在土地资源资产定价方法上,农业用地价格采用收益现值法,将第一产业总产值以5％的资本化率折现为现值;耕地、园地、林地、牧草地等细分农业用地土地,根据农业总产值、果园总产值、林地总产值、牧业总产值以5％的资本化率折现为现值计算;建设用地价格按照当年全国土地拍卖平均价格计算,拍卖平均价格以《中国国土资源年鉴》中的建设用地招标拍卖金额除以招标拍卖面积计算;未利用土地暂不考虑价值量核算。

四、对我国资产负债表中的土地核算建议

(一) 我国土地核算的资料来源

资料来源直接决定了土地估价方法的选择,世界各国目前均面临可用资料来源有限这一共同难题,因此,各国只能采取多种资料来源相结合的方法对土地资产进行核算。归纳起来,我国可用于土地核算的资料来源分为三类。

1. 行政记录

国土资源管理部门的土地登记簿。土地登记簿载明的内容包括土地权利人的姓名或者名称、地址;土地的权属性质、使用权类型、取得时间和使用期限、权利以及内容变化情况;土地的坐落、界址、面积、宗地号、用途和取得价格;地上附着物情况。土地登记簿为测算不同类型的土地数量提供了一个出发点。

政府部门的土地分等定级和基准地价资料。目前我国各城市均开展土地定级和基准地价评估并定期公布。基准地价评估分为城镇基准地价评估和农业用地基准地价评估。城镇基准地价评估是在对城市(镇)内有收益的土地或发生交易的土地估价的基础上,按照一定程序、原则、方法,评估出的各级土地或各区域内土地的平均价格。城镇基准地价通常包括三大类:商业用地基准地价、住宅用地基准地价、工业用地基准地价。农业用地基准地价是指县(市)政府根据需要针对农业用地不同级别或不同均质地域,按照不同利用类型,分别

评估确定的某一估价期日的平均价格。农业用地基准地价主要包括耕地基准地价、园地基准地价、林地基准地价、水域基准地价和荒草地基准地价。[①] 土地基准地价资料是获得分区域、分类型土地价格的重要信息。

2. 统计调查数据

统计机构的人口和住户调查数据，包括城镇人口、乡村人口、城镇人均居住面积等数据；农林牧渔业生产情况，包括面积、产量、产值等数据。国土资源管理部门的土地调查和统计数据。土地调查是指对土地的地类、位置、面积、分布等自然属性和土地权属等社会属性及其变化情况，以及基本农田状况进行的调查、监测、统计和分析。通过土地调查，可获得土地分类面积数据、不同权属性质面积数据、基本农田面积数据和耕地坡度分级面积数据等。

3. 市场交易数据

国土资源管理部门的土地市场交易数据。政府对国有土地使用权的出让成交信息包括成交地块位置、用途、面积、出让年限、成交价等信息。土地市场交易并不频繁，但有限的成交数据仍可以作为计算土地市场价格的重要基础资料。

住建部门的房地产交易信息。房地产交易记录包括新建商品房和存量房的成交记录，包括位置、面积、价格、性质等。住宅地产市场具有交易频繁、交易量大等特点，是获得住宅地产价格的比较理想的数据来源。

（二）分类型土地核算方法建议

通过梳理国内外土地估价的理论方法和实践经验，我们发现不同国家选取的土地估价方法不尽相同，具体方法的选择要根据待估土地类型、相关数据资料的可得性和可靠性，以及估价工作实施的可行性确定。本研究遵循国际组织推荐的土地估价原则和方法指南，结合我国国情和数据基础，充分考虑估价实践中的可操作性，针对不同土地利用类型提出核算方法建议。

1. 住宅用地估价

根据数据可得性，估算方法分为直接估价法和间接估价法。

---

① 《城镇土地估价规程(GB/T18508-2014)》。

(1) 直接估价法

直接估价法适用于完成基准地价评估地区的土地估价,即具备基准地价成果图及宗地价格修正系数体系成果的城镇土地价格评估。运用直接估价法对城镇各类建筑物或构筑物占用土地(包括住宅用地、商业用地、工矿用地、办公用地)的估价方法类似。以住宅用地为例进行介绍。

我国不同地区住宅用地价格差别较大,为了提高估价结果的可靠性,建议先在地区层面(县/区或市)估算住宅用地价值,然后逐级汇总得到全国住宅用地价值。有关土地面积的数据来源为土地登记簿等土地利用信息;有关土地价格的重要数据源是基准地价表和土地交易记录。① 基准地价是指按照城镇不同的土地级别或均质地域分别评估的商业、住宅、工业等各类用途的单位面积土地使用权平均价格。由于基准地价表是确定国有建设用地使用权出让政府收益审定、国有建设用地租赁租金审定、企业改制土地资产价格处置等的依据,并不能充分反映市场价格,因此需要利用土地交易记录修正基准地价,得到住宅用地的近似市场价格。地区 i 的住宅用地价值具体估算步骤如下。

(i) 估算地区 i 住宅用地市场价与政府评估价的转换比率(MPR_i)

首先利用基准地价系数修正法计算地区 i 本年度成交的所有住宅用地的政府评估价。具体公式为②:

住宅用地 k 的政府评估价 = 该住宅用地级别的基准地价 × (1 + 影响因素总修正值) × 年期修正系数 × 估价时点修正系数 × 容积率修正系数

然后计算地区 i 本年度成交的所有住宅用地市场价与政府评估价的转换比率,取其算术平均值作为地区 i 住宅用地市场价与政府评估价的转换比率:

$$\text{MPR}_i = 1/n \sum_{k=1}^{n} \frac{住宅用地\,k\,的市场价}{住宅用地\,k\,的政府评估价}$$

其中,n 为地区 i 本年度成交的住宅用地数量。

---

① 需利用的基础数据资料如下(以北京市为例):①土地利用数据库和地籍数据库;②北京市基准地价级别范围(文字材料/示意图)(综合/商业/居住/工业);③北京市基准地价表(商业/办公/居住/工业);④北京市基准地价因素修正系数说明表(综合/商业/居住/工业);⑤北京市基准地价容积率修正系数表(综合/商业/居住);⑥北京市分用途(综合/商服/住宅/工业)地价指数一览表;⑦北京市土地交易记录。其中,从资料①中可获取土地类型、位置、面积、所有权等信息;②—⑥可用来计算交易宗地的基准价格;⑦用来计算市场价与政府评估价的转换比率。

② 具体步骤可参见《城镇土地估价规程(GB/T18508-2014)》。

(ii) 估算地区 i 住宅用地价值

地区 i 住宅用地价值＝地区 i 基准地价×MPR_i×地区 i 住宅用地面积

(iii) 估算全国住宅用地价值

$$全国住宅用地价值 = \sum_i 地区 i 住宅用地价值$$

在使用直接估价法对住宅用地进行估价时，除了需要详细的地籍数据，还需要聘请专业土地估价师估算成交地块的政府评估价，具体工作烦琐复杂，需要耗费较多的人力物力。为节省时间和资源，可以采取间接估价法中的剩余法或土地建筑物比率法对住宅用地价值进行评估。这里需要说明的一点是，有些国家对住户部门所拥有的房产价值进行评估时并未区分土地价值和建筑物价值，国内李扬等（2013）、马骏等（2012）研究亦属此类情况。[①] 我国居民部门资产负债表是否将土地和建筑物价值区分，可视资产负债表细化程度的需求确定。

(2) 剩余法

剩余法的基本思路是先求得住宅用地及其上建筑物的综合价值，然后扣除建筑物的价值，余值即为住宅用地价值。该方法的前提是能够获得资产负债表中固定资产项下的住宅建筑物价值，重点在于估算住宅用地及其上建筑物的综合价值。由于我国不同地区房地产价格差别较大，建议在地区层面计算住宅综合价值，然后加总得到全国住宅综合价值。具体估算步骤如下：

(i) 估算地区 i 住宅地产综合价值

地区 i 住宅地产综合价值＝地区 i 城镇居民房地产价值＋地区 i 农村居民房地产价值＝地区 i 城镇居民人均住房建筑面积×城镇人口数×城镇住宅平均销售价格＋地区 i 农村居民人均住房面积×农村人口数×农村居民住房单位面积价值

其中，城镇住宅平均销售价格＝存量住宅平均销售价格×（存量住宅销售面积/全部住宅销售面积）＋新建住宅平均销售价格×（新建住宅销售面积/全部住宅销售面积）

(ii) 估算全国住宅地产综合价值

$$全国住宅地产综合价值 = \sum_i 地区 i 住宅地产综合价值$$

[①] 在加拿大、澳大利亚、日本、德国等国家的资产负债表中，住宅建筑价值和土地价值是分别列示的。

(iii) 估算全国住宅用地价值

全国住宅用地价值＝全国住宅地产综合价值－全国住宅建筑物价值

(3) 土地建筑物比率法

土地建筑物比率法的基本思路是先通过抽取样本计算得到住宅用地的土地建筑物比率，然后利用住宅建筑物价值或者住宅地产综合价值，得到住宅用地价值。该方法的前提是要获得资产负债表中的住宅建筑物价值，或者住宅地产综合价值，该方法的重点在于土地建筑物比率的计算。由于不同地区之间的土地构筑物比率可能差异较大，建议在地区层面计算住宅用地价值，然后加总得到全国值。计算步骤如下：

(i) 估算地区 i 的土地建筑物比率（LSR_i）

$$LSR_i = 1/n \sum_{k=1}^{n} \frac{样本 k 住宅用地价值}{样本 k 住宅建筑物价值}$$

其中，n 为地区 i 抽取的住宅地产样本数。样本要涵盖不同类型的住宅，例如新建住宅和老旧住宅、核心地区和偏远郊区等。上述公式是将样本土地建筑物比率简单算术平均得到地区 i 土地建筑物比率，为使地区 i 土地建筑物比率更具代表性，也可将样本土地建筑物比率按照特定规则加权计算。

(ii) 估算地区 i 住宅用地价值

$$地区 i 住宅用地价值 = 地区 i 住宅建筑物价值 \times LSR_i,$$

或者

$$地区 i 住宅用地价值 = 地区 i 住宅地产综合价值 \times LSR_i / (1+LSR_i)$$

(iii) 估算全国住宅用地价值

$$全国住宅用地价值 = \sum_i 地区 i 住宅用地价值$$

2. 商服、工矿仓储、公共管理与公共服务[①]、特殊用地估价

这里主要包括金融部门、非金融企业部门和政府部门的商服用地、工业用地、采矿用地、仓储用地和办公用地。估算方法分为直接估价法、土地建筑物比率法/土地实物资产比率法、历史成本调整法。下面以工业用地为例进行介绍。

(1) 直接估价法

具体方法和步骤参见住宅用地估价中的直接估价法。

---

① 不包含公共设施用地、公园与绿地。

(2) 土地建筑物比率法/土地实物资产比率法

该方法需要获取土地建筑物比率和建筑物价值,或者土地实物资产比率和实物资产价值。不同工业行业的土地建筑物比率可能差异较大,建议分行业估算土地建筑物比率/土地实物资产比率。具体步骤如下。

(i) 估算行业 i 土地建筑物比率(LSR_i)/土地实物资产比率(LPR_i)

(ii) 估算行业 i 工业用地价值

$$行业\ i\ 工业用地价值 = 行业\ i\ 建筑物价值 \times LSR_i,$$

或者

$$行业\ i\ 工业用地价值 = 行业\ i\ 实物资产价值 \times LPR_i$$

(3) 历史成本调整法

该方法需要获得企业土地购置年份及历史成本价。企业财务报表一般将土地使用权的获得列入无形资产项下。可将土地使用权获得时的历史价格根据土地价格指数调整为当前市场价。具体步骤如下。

(i) 估算企业 k 工业用地当前价值

$$企业\ k\ 工业用地价值 = 获得工业用地使用权时的历史成本价 \times 工业用地价格指数$$

(ii) 估算全国工业用地价值

$$全国工业用地价值 = \sum_k 企业\ k\ 工业用地价值$$

3. 交通运输、公共设施、水利设施用地估价

这里主要包括铁路、公路、机场、港口码头、管道运输用地和用于城乡基础设施的用地(包括给排水、供电、供热、供气、邮政、电信、消防、环卫、公用设施维修等用地),以及人工修建的沟渠、水坝等建筑物用地。估算方法分为直接估价法、征地补偿价格法、土地构筑物比率法和净现值法。

(1) 直接估价法

具体方法和步骤参见住宅用地估价中的直接估价法。

(2) 征地补偿价格法

政府为建设公共设施而征收集体土地时会产生征地补偿费用,可参考征地补偿标准以及政府行政记录中的公共设施占地面积,对土地价值进行估算。

$$公共设施用地价值 = 公共设施征地价格 \times 公共设施占地面积$$

(3) 土地构筑物比率法

不同公共设施的土地构筑物比率可能差别较大,需尽量分公共设施类型估算土地构筑物比率。如果能够从政府财政统计中获取某项公共设施的土地价格与构筑物价格,则可以计算该类公共设施的土地构筑物比率,然后根据政府财政统计中关于该类公共设施的构筑物价值,计算得到公共设施占用土地价值。

该类公共设施用地价值＝该类公共设施构筑物价值×该类公共设施土地构筑物比率

(4) 净现值法

对于有收益的公共设施(如铁路、公路等),可考虑采用净现值法估算占用土地价值。以收费公路为例介绍估算方法。

(i) 估算每千米公路每年净收益

净收益＝收费价格－建筑成本－维护成本－人工成本－贷款利息支出

其中,建筑成本是将初始投资按照一定年限分摊到每一年。

(ii) 估算每千米公路占用土地价值

每千米公路占用土地价值＝每年净收益的折现值之和

(iii) 估算全部公路占用土地价值

公路占用土地价值＝每千米公路占用土地价值×公路里程数

4. 耕作用地估价

耕作用地包括耕地、园地、草地、林地和水产养殖水域。该类土地的估价方法基本相同,适合采用直接估价法。土地单位面积价格可使用租金数据或者通过净现值法进行估算。下面以耕地为例说明。

(i) 估算某类耕地 i 单位面积价值

耕地生产经营方式分直接生产经营方式和租赁经营方式两种。

直接生产经营方式下,土地单价估算公式如下:

$$P = \sum_{t=1}^{\infty} \frac{R_t - C_t}{(1+i)^t}$$

其中,P 为当前耕地单位面积价值,R_t、C_t 和 i 分别代表耕地单位面积的农产品年收入、耕作成本和折现率。

租赁经营方式下,土地单价估算公式如下:

$$P = \sum_{t=1}^{\infty} \frac{R_t - C_t}{(1+i)^t}$$

其中，P 为当前耕地单位面积价值，R_t、C_t 和 i 分别代表耕地单位面积的年租金收入、租赁过程中发生的年平均费用和折现率。折现率可通过无风险利率加风险调整法确定。无风险利率可选用一年期国债利率或银行一年期定期存款利率，风险调整值应根据农业生产所遇到的灾害性天气、评估对象所处地区的社会经济发展水平和农业用地市场等状况对其影响程度确定。

(ii) 估算全国某类耕地 i 价值

全国某类耕地 i 价值＝该类耕地单位面积价值×全国该类耕地总面积

(iii) 估算全国耕地价值

$$全国耕地价值 = \sum_i 全国某类耕地 i 价值$$

需要说明的是，耕作用地每年净收益的估算也可以参照世界银行（2006）所采用的较为简单的租金率方法，即先确定某类农作物的租金率，然后将该类农作物的租金率与单位面积产值相乘可得该类作物单位面积土地的净收益。世界银行对耕作用地估价将折现率定为 4%。

5. 休闲用地和连带的地表水域估价

该类用地包括有收益的公园绿地、休闲区域、风景名胜等占用土地。估价方法分为直接估价法和净现值法。

（1）直接估价法

具体方法和步骤参见住宅用地估价中的直接估价法。

（2）净现值法

将未来每年净收益折现为现值，得到该类土地资产的当前价值。

本研究建议的以上各类土地的估价方法在表 6-3 中进行了归纳总结。

表 6-3 我国分土地类型估价方法建议

土地类型	估价方法	所需数据和资料
住宅用地	直接估价法	基准地价表、住宅用地面积、住宅用地交易记录
	剩余法	城镇居民人均住房建筑面积、城镇人口数、城镇新建住宅平均销售价格、城镇存量住宅平均销售价格、农村居民人均住房建筑面积、农村人口数、农村居民家庭住房单位面积价值、住宅建筑物价值
	土地建筑物比率法	住宅建筑物价值、土地建筑物比率
商服、工矿仓储、公共管理与公共服务、特殊用地	直接估价法	基准地价表、各类型土地占用面积、工业用地/商业用地/办公用地交易记录
	土地建筑物比率法/土地实物资产比率法	土地之上建筑物价值、土地建筑物比率（或实物资产价值、土地实物资产比率）
	历史成本调整法	土地历史成本价、土地价格指数
交通运输、公共设施、水利设施用地	直接估价法	基准地价表、各类土地占用面积
	征地补偿价格法	征地补偿费用、公共设施占用土地面积
	土地构筑物比率法	公共设施建筑物价值、土地建筑物比率
	净现值法	单位面积土地未来每年净收益、土地占用面积、折现率、折现期限
耕作用地	直接估价法（结合净现值法）	单位面积土地未来每年净收益、各类土地占用面积（或者单位面积土地产值、租金率）、折现率、折现期限
休闲用地和连带的地表水域	直接估价法	基准地价表、土地占用面积
	净现值法	未来每年净收益、折现率、折现期限

参 考 文 献

[1] A. Kunte, K. Hamilton, J. Dixon, et al. Estimating National Wealth: Methodology and Results. Environment Department Papers，1998(57).

[2] Eurostat-OECD. Eurostat-OECD Compilation Guide on Land Estimation [J/OL]. 2015.

[3] United Nations. System of Environmental-Economic Accounting 2012 Central Framework [J/OL].

［4］UNU-IHDP and UNEP. Inclusive Wealth Report 2014：Measuring Progress toward Sustainability［M］.Cambridge：Cambridge University Press，2014.

［5］World Bank. The Changing Wealth of Nations：Measuring Sustainable Development in the New Millennium［J/OL］.Washington D.C.，2011.

［6］World Bank. Where is the Wealth of Nations? Measuring Capital for the 21st Century［J/OL］.Washington D.C.，2006.

［7］国土资源部.城镇土地估价规程（GB/T18508－2014）［M］.北京：中国标准出版社，2014.

［8］国土资源部.土地利用现状分类（GB/T21010－2007）［M］.北京：中国标准出版社，2007.

［9］胡存智.土地估价理论与方法［M］.北京：地质出版社，2006.

［10］李扬等.中国国家资产负债表2013——理论、方法与风险评估［M］.北京：中国社会科学出版社，2013.

［11］联合国等.国民账户体系（2008）［M］.北京：中国统计出版社，2012.

［12］刘冰.国际上土地估价的原则和方法——"资产负债表编制的国际比较研究"系列报告之三［J］.中国统计，2016（3）.

［13］卢新海，黄善林.土地估价［M］.上海：复旦大学出版社，2010.

［14］马骏等.中国国家资产负债表研究［M］.北京：社会科学文献出版社，2012.

［15］史丹，胡文龙.自然资源资产负债表编制探索——在遵循国际惯例中体现中国特色的理论与实践［M］.北京：经济管理出版社，2015.

［16］薛智超等.自然资源资产负债表编制中土地资源核算体系设计与实证［J］.资源科学，2015（9）.

［17］张颖等.生态效益评估与资产负债表编制——以内蒙古扎兰屯市森林资源为例［M］.北京：中国经济出版社，2015.

［18］中国森林资源核算研究项目组.生态文明制度构建中的中国森林资源核算研究［M］.北京：中国林业出版社，2015.

附录 6-1 OECD 拟定的土地分类体系解释

AN.2111 建筑物或构筑物占用土地

上方建造有住宅、非住宅建筑和构筑物或挖有地基的土地,包括作为农用或非农用住宅不可或缺的构成部分的庭院和花园以及相应的通行道路。建筑物或构筑物占用土地还包括公共或私有交通运输基础设施(如公路、街道、道路、铁路和机场跑道;桥梁、高架公路、隧道、地铁和水道等)占用的土地。可建造(农用)住宅、非住宅建筑或构筑物或规划用于该等建造活动的建筑用地也纳入此类别。

AN.21111 住宅用地

上方建造有住宅或挖有宅基的土地,包括作为农用或非农用住宅不可或缺的构成部分的庭院和花园以及农用住宅的通行道路。可建造住宅或规划用于该等建造活动的建筑用地也纳入此类别。

AN.21112 其他建筑物或构筑物占用土地

上方建造有非住宅建筑和构筑物或挖有地基的土地,包括公路、街道、道路、铁路和机场跑道、桥梁、高架公路、隧道、地铁和水道等公共或私有交通运输基础设施所占用的土地。可建造非住宅建筑物或构筑物或规划用于该等建造活动的建筑用地也纳入此类别。

AN.2112 耕作用地

包括农业用地、林地、用于水产业的地表水域,不包括农用住宅、建筑或其他相关构筑物占用土地。

AN.21121 农业用地

临时或永久作物、草甸和牧场用地以及暂时休耕的土地的统称。包括耕地、休耕地和天然生产的永久草甸以及用于放牧、动物饲养和农用的牧场等。永久未开垦地(如未开垦的小地块、河岸、小径、沟渠、地头和路肩等)惯例上也纳入此类别(《2012年环境经济核算体系》)。

AN.21122 林地

即森林用地,不含森林本身,仅包括其所占用土地。也不包括主要为农用或城镇用途的土地(《2012年环境经济核算体系》)。不过,此类别包括主要由森林构成的国家公园。

AN.21123 用于水产业的地表水域

指用于水产业设施和渔业活动的地表水域。水产业指鱼、贝类动物、甲壳类动物、水生植物、鳄鱼、龟和两栖动物等水生生物的养殖。"养殖"意为对喂养过程实施某种形式的干预,以提高产量,如定期放养、饲养、保护其免遭捕猎等(《2012年环境经济核算体系》)。

AN.2113 休闲用地和连带的地表水域

指私有便利设施用地、公园用地、游乐场地和公共公园和休闲区域,以及连带的地表水域。

AN.2119 其他土地和连带的地表水域

指未另分类、在资产边界之内的所有土地。此类别还包括未归入其他类别的地表水域(如江河)。

附录 6-2　国外土地核算实例

1. 韩国应用直接估价法的实例

韩国的土地存量价值记录在国民资产负债表中,并于 2014 年 5 月 14 日第一次正式公布。按市场价格估价的土地存量价值利用直接估价法计算得出:通过将不同地区和用途的土地面积与其相应的市价相乘即得出地区层面按土地用途分类的土地估价,加总可得全国土地存量总价值。韩国土地估价的数据资料如下表所示。

韩国土地面积和价格数据来源

	资料来源	信息资料
土地面积	地籍记录	土地编号、土地用途分类、所有权
土地价格	房地产价格公示系统	几乎所有私有土地都经过公开估价,并将结果于每年 1 月 1 日公布。私有土地的公示价格主要用于征税目的且较市场价格低很多
	房地产实际交易价格报告系统	房地产经纪人有义务在自合同日期起算 60 天内向地方政府部门上报买方与卖方之间交易的实际价格
	过往评估信息	由于个别地区或个别土地类型的实际房地产交易数据不足,所以增加了过往评估信息以补充交易数据

由于公开评估及公示价格的根本用途在于征税,因此不能充分反映市场价格。韩国将房地产实际交易价格报告系统中的房地产实际交易价格数据与公开评估及公示价格进行比较,得到公开评估价格与实际交易价格之间的转换率,从而将土地存量的公开评估及公示价格调整至市价。具体步骤如下。

① 在地区层面上获得私有地块公开评估及公示价格的每平方米单价(UPNP),然后计算相同用途和地区的实际交易价格的每平方米单价(UATP);

② 得出市价转换比率 MPCR＝UATP/UPNP;

③ 假定同一地区同一用途的土地市价转换比率相同,计算韩国土地存量的总价值:

$$\sum_{j=1}^{m}\sum_{i=1}^{7} \text{UPNP}_{ij} \times \text{MPCR}_{ij} \times \text{Land}_{ij} \times 0.9$$

其中,i、j 和 Land 分别表示土地类型(韩国按照用途将土地分为 7 类)、地区和面积,倍数 0.9 用于矫正因交易土地样本较少可能引起的估价过高。

2. 荷兰应用直接估价法的实例

由于荷兰掌握详细的耕作用地价格和面积数据,因此使用直接估价法分类型估算耕作用地价值,然后加总得到耕作用地总价值。荷兰的耕作用地包含开放式农田和温室占用土地。

3. 澳大利亚应用数量价格相乘法的实例

澳大利亚计算住宅地产综合价值的方法是按照住宅的地理和类型对住宅存量进行分层,然后利用数量价格相乘法计算出各层的住宅地产价值,加总生成地方和全国估计值。普查数据为住宅存量数据的估计值确定了一个时间点,然后结合建筑活动调查得到的净新增数估算住宅存量的季度值。分层水平的住宅价格估计值通过季度售出住宅的算术平均价格计算得出。

4. 意大利应用数量价格相乘法的实例

意大利采用数量价格相乘法计算地区层面的住宅地产价值,公式如下:

$$CV = N \times S \times P$$

其中,CV 为住宅地产综合价值,N 为住宅数量,S 为住宅平均面积(平方米),P 为住宅平均单价(每平方米价格)。住宅数量数据来自人口和住宅普查,对于非普查年份,利用普查年份数据和每年住宅新建、拆除、分割等数据(来自建筑与领土社会经济研究中心(CRESME))进行估算;住宅平均面积和单价数据由房地产市场观察研究所(OMI)税务局董事会提供。为了使得单价数据更具有代表性,根据不同类型的住宅建筑物(简易住宅、豪宅、独立住宅等)对市场价格进行加权处理。

5. 加拿大应用剩余法的实例

加拿大对其上有建筑物的农业用地(包括所有私有农业用地)采用剩余法估算土地价值。农业用地价值等于农场总资本价值(根据普查资料估计)扣除农场建筑物价值。相关数据由加拿大统计局农业部门提供。农场资本价值年度数据来源于每十年一次的普查、每五年一次的普查和两次普查之间的预测。

6. 意大利应用剩余法的实例

意大利使用剩余法估算住宅用地价值。意大利采用数量价格相乘法得到住宅地产综合价值（见数量价格相乘法中关于意大利的应用实例），并通过永续盘存法得到住宅建筑物的净存量。由于没有地区水平的永续盘存法估计值，因此将地区层面的住宅地产综合价值加总得到全国估计值，然后减去全国住宅建筑物的净存量，得到全国住宅用地价值。

7. 丹麦应用剩余法的实例

丹麦采用剩余法估算自有住宅用地价值。丹麦的所有住宅都由税务机关进行评估，因此所有自有住宅地产的综合价值都是从个体水平进行计算的，然后税务机关通过将观察到的市场价值与官方地产估价相结合对住宅地产综合价值进行汇编。建筑物价值则是从自有住宅资本存量的直接估计值中获取。通过将建筑物价值从住宅地产综合价值中减除可得到土地价值。

8. 加拿大应用土地建筑物比率法的实例

加拿大使用土地建筑物比率法对住宅用地和非住宅用地进行估价。住宅建筑物和非住宅建筑物的估价均采用永续盘存法。

首先住宅用地的土地建筑物比率从加拿大新建住宅（按住宅类型划分——独户或多户）数据计算得到，其中用到三个关键变量：建筑许可证价值（BPV），指住宅建筑物价值；吸纳价值（APV），指住宅房地产的出售价值，包括建筑许可证价值、建筑许可备案后对住宅进行的任何升级改造的价值，以及建筑物连带的熟地的市场价值；竣工并售出单元的地址。其次，采用如下公式计算土地建筑物比率：土地建筑物比率＝（APV-BPV）/BPV。最后，根据住宅单元地址将其划入城镇中心或大城市郊区（绝大多数新建住宅归入此类）。城镇核心区的土地建筑物比率要高一些，需求对其进行调整，以将该等区域老旧建筑物的高折旧率纳入考虑。将调查得到的土地建筑物比率按照某种加权规则得到整个经济体独户住宅和多户住宅的土地建筑物比率，再分别与独户住宅和多户住宅的建筑物存量相乘，即得到独户住宅用地和多户住宅用地价值，然后加总为整个经济体内住宅用地价值。

非住宅用地包括企业（法人和非法人）、为住户服务的非营利机构和政府所有的全部商业用地。相比住宅用地,非住宅用地的数据可获得性较差。因此,现行方法是根据一项历时已久的房地产调查数据获得的历史土地建筑物比率为依据。目前正在考虑对该方法进行评估。

9. 丹麦应用特征价格法的实例

丹麦统计局尚未实际采用特征价格法,但正计划在未来针对某些特定时期和特定建筑类型对特征价格法进行测试。由于丹麦在使用剩余法对土地进行估价时某些年份出现了负值,因此考虑使用特征价格法替代剩余法来计算这些年份的土地价值。如果测试成功,特征价格法的结果可用作官方发布数据。

丹麦统计局的计划是针对两个不同时期对特征价格法进行测试,一个是采用剩余法得出可靠数据的时期(2010—2011 年),另一个是得出问题数据的时期(1995—1996 年)。由于自有住宅的交易最为普遍,特征价格法的应用仅限于这一类型的建筑物。丹麦统计局可以获得该方法需要的土地面积、建筑物面积、交易价格、建筑物使用年限等信息。

作者简介:周晶,女,毕业于北京大学,博士研究生,现为国家统计局统计科学研究所副研究员。

第七篇　资产负债表中的地下资产核算问题研究

于　洋　汪明峰

地下资产是重要的自然资源，对经济发展和国家战略具有重大意义。2008年SNA重新审视了资产的一般定义，将包括地下资产在内的部分自然资源纳入国民经济账户的框架之中，从而完善了相关非生产性非金融资产的核算。

地下资产主要包括矿产和能源资源，是国民经济发展的基础和支柱，是整个国民经济核算不可缺少的一部分。与其他自然资源相比，地下资产具有不可再生性，建立地下资产核算体系能为有效约束资源消耗、提高资源利用效益提供科学的数据资料和有效的信息。在我国资产负债表中对地下资产进行核算同样具有重要意义，可以为国家实施可持续发展战略提供重要依据。

一、2008年SNA中的地下资产定义及核算方法

（一）地下资产的定义、范围及分类

1. 地下资产的定义及范围

地下资产通常是指从地下发现的资源，包括石油资源、天然气资源、煤和泥炭资源、非金属矿物和金属矿物。在进行地下资产核算时，要对全部地下资产进行测度是非常困难的，因为无法准确知道可以合理开采的资源数量是

多少。因此，2008年SNA建议，将具有商业开发价值的已探明的地下资产（矿产和能源资源）进行核算。

在2008年SNA中，矿产和能源资源是指位于地球表面以上或以下的，在给定的现有技术和相对价格下具有经济可开采性的地下资产，由存在于地球表面以上或以下的、已探明的矿藏量组成：煤、石油、天然气或其他燃料，金属矿，以及非金属矿物，其中包括海底矿藏。

2. 地下资产的分类

矿产和能源资源有多种类型，但还没有国际公认的、适合用于统计目的的、详细的矿产和能源资源分类。2008年SNA推荐遵照2012年SEEA关于矿产和能源资源的具体分类，将矿产和能源资源探明矿床分为三级：A级，商业可采资源；B级，潜在商业可采资源；C级，非商业的和其他探明矿床。

需要注意的是，2012年SEEA中探明矿床的范围大于2008年SNA中矿产和能源资源测度所使用的矿产范围，前者是为了确保尽可能广泛地了解矿产和能源资源存量的可能性，而后者是将矿床范围限制在当前技术和相关价格下能进行商业开采的矿床上。

(二) 主要地下资产（矿产和能源资源）的估价方法

1. 估价原则

对矿产和能源资源的估价应遵循资产负债核算中的估价原则，主要包括：

(1) 使用货币单位进行估价。这样可以为估计政府未来收入流提供有用的信息，也可以与其他资产进行比较，以评估矿产和能源资源的相关回报及类似的分析。

(2) 按照当期价格进行估价。资产负债表上每一个项目的估价都应当将其视为是在资产负债表编表日期获得的，因此对于具体资产，要用一套在资产负债表编表日的当期价格（现期价格）来估计，而不是按照原价来记录。

(3) 以交易的市场价格为基本基准。2008年SNA将市场价格视为估价的基本基准。此处，交易的市场价格是指有意购买者从有意出售者手中获得某物所支付的货币数额；交换在两个独立当事人之间进行并仅以商业考虑为基础。

最恰当的估价基础是在估价的时间上可以在市场上买到这些资源的价格。如果得不到市场上的实测价格或只能根据实测的市场价格估算价格,那么对于当期价格的估算,2008年SNA还给出了两种做法:对一段时期内的交易进行累加和重估价;估计资产未来期望收益的贴现值。

(4)包括与所有权转移有关的一切费用。矿产和能源资源在市场上被买卖的价格除了依据其市场价值,还存在所有权转移的费用,也就是说,购买者支付的价格会超过销售者得到的价格。因此,矿产和能源资源所有权转移成本要与资产价值合并在一起。

(5)估计就地价值。对矿产和能源资源估价是要估计资产的就地价值,即开采前的价值而不是转移后的价值。

2. 矿产和能源资源估价的一般方法

由于地下资产所有权不可能通过市场经常改变,所以很难获得合适的、能够用于估价的市场价值,并且很少涉及所有权转移的相关费用,因此针对上文中的估价原则(3)和原则(4),2008年SNA采用了变通的做法,提出矿产和能源资源价值取决于该资产之商业性开发的预计净收益的现值。2008年SNA建议用贴现率来计算预期未来收益的现值,即采用净现值法(NPV),并且计算时应分各种具体资源类型进行,最好是就一种资源的具体矿床进行,然后再将不同资源估值结果加总起来,得到矿产与能源资源的总价值。

对于矿产和能源资源存量的估价,假设资产在 t 期末的价值为 V_t,则 V_t 等于资产寿命 N_t 时期内资源租金 $RR_{t+\tau}, \tau=1,2,\cdots,N_t$ 的折现流量合计,即 NPV 的计算公式为:

$$V_t = \sum_{\tau=1}^{N_t} RR_{t+\tau}/(1+r_t)\tau \tag{1}$$

其中,r_t 是时期 t 的名义折现率。

同时,2012年SEEA中还提出了相关指标估计方法的建议。

(1)资源租金 RR_t

该估计值是用开采活动的总营业盈余减去开采专项补贴加上开采专项税减去生产资产使用者成本得到的,其中总营业盈余、专项补贴和税可以从国民账户数据或相关活动具体信息中获取,生产资产使用者成本的估计值以假定的生产资产回报率为基础。

(2) 资产寿命 N_t

该估计是以实物存量估计量、预计开采率和增长率为基础的,并且在资产寿命期内,资源租金的估计要考虑开采模式的预期变化。

(3) 折现率 r_t

对于矿产和能源资源,很难推导一项活动的具体回报率,因此相关折现率的确定以国民账户数据和金融部门信息为基础。

3. 主要国家对矿产和能源资源估价方法的应用

(1) 加拿大

加拿大在估算地下资产存量价值时同时使用了净价法和现值法,并且在国际上就最合适的估值方法达成共识之前,自然资源存量账户将一直使用这两种方法。

(a) 净价法

该方法基于 Hotelling(1931)模型,假设在理想的竞争市场环境中,随着时间的推移,自然资源的边际单位价格的上升速度等同于利率的上升速度。利用该方法估计的地下资产存量价值为单位资源租金乘以剩余开采量或者已确定的储量,即:

$$V = (RR/Q)S \tag{2}$$

其中,资源租金的估计值为资源租金上、下边界估值的中间值,Q 为每年开采的资源数量,S 为剩余可采存量或者已确定的储量,资源租金上边界 RR_I = 总收入－非资本开采费用－生产资本折旧,资源租金下边界 RR_{II} = 总收入－非资本开采费用－(生产资本收益＋生产资本折旧)。

但是,净价法描述和预测实际地下资产市场行为的能力面临相当大的争议,实证分析表明,净价法容易高估地下资产的市场价值。

(b) 现值法(净现值法)

该方法基于计算未来收入流现值的公式,假设在存量的剩余可采期限中,每年的资产开采率保持现有水平不变,现有的年终资源价格和开采成本不变。利用该方法估计地下资产存量价值的公式为:

$$V = \sum_{t=1}^{T} RR_{II}/(2+r_g)^t \tag{3}$$

其中,T 为可开采年限,RR_{II} 为资源租金下边界,r_g 为省级政府实际债券利率

(每年4%)。

(2) 荷兰

荷兰在估计地下资产价值时,将不同类型的资产划分为具备"有限"储备的资产(主要包括石油和天然气)和具备"无限"储备的资产(指实物开采量与储备之间的比率非常小)。对于这两种地下资产,均使用净现值法计算实物存量的价值。

对于具备"有限"储备的资产,如油气储备,其资源租金为营业盈余总额-固定资产资本使用者成本和副业活动纯利。对于具备"无限"储备的资产,如黏土、泥炭等,应将资源租金按照实物开采量进行划分,得到单位资源租金。假设年度资源租金和实物开采量保持不变,则地下资产的价值即为资源租金除以贴现率(4%)。

4. 国际上矿产和能源资源价值在机构部门间的分劈

就目前来看,怎样分配矿产和能源资源在各部门的价值量,仍然是一个难题。2008年SNA中认为:"没有一种完全令人满意的方法将该资产价值分劈给法定所有者和开采者,因此当前的处理方法是资产价值全部归入法定所有者的资产负债表,同时将开采者对所有者的支付作为租金处理。"[1]该建议并不是最令人满意的做法,其未遵循2008年SNA自身提出的经济所有权原则,即"资产出现在一个单位的资产负债表中,该单位是资产的经济所有者"[2],而一般情况下,自然资源的经济所有者并非法定所有者,即经济所有权与法定所有权是分开的。

此外,2012年SEEA提出:"矿产和能源资源的一般特征是资产开采收入由各经济单位分享。最常见的情况是,部分收入以营业盈余的形式归资源开采者,部分收入以租金的形式归政府。"[3]同时,加拿大统计局在讨论如何按部门划分自然资源财富时,也提出:"两类所有者占有的矿产和能源资源价值应由预期未来资源租金流的比重决定。"[4]我们认为,2012年SEEA和加拿大统计局提出的处理方法比较合理,因为其提出政府和企业部门所持自然资源资

---

[1] 《2008国民账户体系》(SNA)第13章13.50。
[2] 《2008国民账户体系》(SNA)第13章13.3。
[3] 《环境经济核算体系2012中心框架》第5章5.216。
[4] 《国民资产负债账户中自然资源财富的暂估值》:加拿大统计局。

产部分是由收益决定的,符合 2012 年 SEEA 中提出的"资产的分配和所得到的机构部门净值的估计值应反映每一单位从资源开采中可获得的预期未来收入流"[①]的原则。

二、我国地下资产的核算研究

(一) 我国地下资产的范围及分类

我国地下资产种类丰富,范围广泛,具有查明资源储量的矿种划分为 4 大类:能源矿产 10 种,包括煤炭、石油、天然气等;金属矿产 54 种,包括铁矿、铜矿、铝矿等;非金属矿产 93 种,包括金刚石、石墨等;水气矿产 3 种,包括矿泉水、地下水、二氧化碳气。

我们在考虑将地下资产纳入资产负债表时,依照 2008 年 SNA 的建议,只涉及那些在可以预见的未来具有商业开发价值的并在现有技术条件下具有可开采性的矿产和能源资源。现阶段,我们重点对煤、石油和天然气等主要的矿产和能源资源进行核算,在资产负债表中记录这些主要矿产和能源资源核算期初和期末的实物存量和价值存量,以及其期间变化量。

(二) 我国地下资产核算的情况及面临的困难和挑战

地下资产是一类重要的自然资源,是国民财富的重要组成部分。将地下资产存量和价值纳入我国资产负债核算中,有助于盘点我国地下资产的数量和价值,进而完善国民经济核算总量数据。现阶段,我国地下资产核算研究主要针对矿产和能源资源,还处于摸索阶段,面临一些困难和挑战。

1. 资料获取情况

我国矿产和能源资源存量数据主要来自国土资源部的矿产储量统计。

(1) 矿产资源数据来源

中国矿产资源储量统计从 1955 年开始,数据来源于矿产资源统计基础表和矿产资源储量登记书(行政记录),针对所有持采矿许可证的矿山企业、

[①] 《环境经济核算体系 2012 中心框架》第 5 章 5.223。

有查明资源储量的探矿权人（地质勘查单位）等。国土资源部每年召开会审会，根据数据逻辑关系、统计数据是否与现实和历史趋势相符等，审核各省（区、市）或者油气公司上报的数据。矿产资源储量统计数据公布在每年的《中国统计年鉴》上，可供各方面用户查找使用。

（2）能源资源数据来源

能源资源数据主要来源于能源统计制度的主要报表：《能源平衡表》《分行业能源消费量》《分行业能源终端消费量》《铁路、航空、邮电企业主要能源消费与库存》以及《公路、水上运输企业主要能源消费与库存》。其中前三个报表开始于1985年，由各省级统计局负责收集本地区的相关数据进行编制，次年5月底前报送国家统计局。能源统计分为季度与年度统计，两者的统计口径有所不同，季度统计调查范围为规模以上工业企业，而年度统计调查范围是全行业。能源统计数据公布在每年的《中国统计年鉴》和《中国能源统计年鉴》中。

对于上述数据资料，虽然每个矿产和能源企业的资产负债表中都有相关数据，但是政府层面至今还没有公布微观的会计基础资料。

2. 价值估算情况

对于主要地下资产价值量估算方法，之前的工作已经研究了利用拨付法和净现值法计算矿产和能源资源存量的价值量。其中，拨付法（AM）即通过对所有开采企业向政府所缴纳的费用、税金和特许使用费等进行加总得到的价值量来对资源资产进行估价；净现值法（NPV）即一种资源的价值等于该资源使用寿命内产生的收入流之和。

然而，这两种方法均有局限性，前者可能会低估资源价值，因为费用、税金和特许使用费往往伴随一些政策手段，比如政府对开采企业的隐性价格补贴等；后者假设在资源寿命内每期的开采量一定，每期的销售收入与开采成本之差一定，这两个假设在资源价格波动较大的情况下可能导致估价的准确性降低。

因此，将地下资产价值量纳入资产负债表时，需要慎重选择估价方法，否则容易造成地下资产价值的低估或高估，从而影响国民经济核算总量数据。

(三) 改进我国主要地下资产(矿产和能源资源)核算研究

1. 估价方法

可考虑选择2008年SNA和2012年SEEA推荐的,且大多数国家都在使用的净现值法来估算矿产资源存量的价值量。该方法的基本思想是将矿产资源的当前价值视为当前矿产资源存量在未来所带来收益的现值。我们将当前矿产资源存量的未来收益用资源租金表示,那么矿产资源的当前价值就是未来每年的资源租金贴现之和,即:

$$\text{NPV} = \sum_{t=1}^{T} RR_t/(1+r)^t \tag{4}$$

其中,RR_t 表示第 t 年的年资源租金,T 表示资产寿命或资源可供开采的年份,由剩余资源量和资源的年开采量来决定,r 表示贴现率。在实际计算中,我们假设今后每年的年开采量和年资源租金保持不变。下面我们就资源租金 RR、资源寿命 T 以及贴现率 r 的确定进行详细说明。

(1) 资源租金 RR

2012年SEEA将资源租金解释为扣除了全部成本和正常回报后、属于资产开采者或使用者的剩余价值,因此我们可以将资源租金理解为资源所能带来的未来收益,那么每一年的资源租金就是资源在一年中所带来的收入与成本之差。对于成本,我们将从两个方面考虑,一是运营成本,即非资本性支出,包括原料消耗、劳动者报酬、管理费用以及销售费用;二是生产资产使用成本,包括生产资产的固定资本消耗和生产资产的正常回报。

首先我们假设在 T 年时间内,矿产的资源租金保持不变,均等于当年的资源租金 RR,即 $RR_1 = RR_2 = \cdots = RR_T = RR$,而当年的资源租金计算公式为:

$$RR = TR - C - (r_1 K + \delta K) \tag{5}$$

其中,TR 表示资源开采的年收入,C 表示年非资本性支出,包括劳动者报酬、原料消耗(燃料、电、原材料、补给)、管理费用和销售费用,K 表示生产资产存量(资本存量),r_1 表示资本回报率,δ 表示生产资产的折旧率。

① 资本存量的测算采用永续盘存法,

$$K_t = I_t + (1-\delta)K_{t-1} \tag{6}$$

其中，K_t 表示第 t 年的资本存量，I_t 表示第 t 年的固定资产投资额。

② 资本回报率参考国外资本回报率以及中国实际情况确定。

③ 生产资产折旧率的确定是进行试验，通过与实际资料比较，选择较为适合的折旧率。

（2）资源寿命 T

资源寿命是预计资产可用于生产的时间，或预计自然资源可进行开采的时间。设 S 表示资源初期存量，Q_i 表示第 i 年的开采量，$i=1,2,\cdots,T$。假设资源的年开采量和年增加量保持不变，即 $Q_1=Q_2=\cdots=Q_T=Q$，则资源寿命可以表示为：

$$T=\frac{S}{Q} \tag{7}$$

（3）贴现率 r

贴现率数据采用 10 年期政府债券实际收益率的移动平均。我们针对不同时间长度（3—6 年）的移动平均进行试算。

2. 数据资料的获取

（1）计算资源租金所需数据

① 资源开采的年收入：采矿业下各小类行业的主营业务收入，该数据可在经济普查资料及《中国统计年鉴》中获取。

② 非资本性支出年度数据：采矿业下各小类行业的应付职工薪酬、直接材料投入、管理费用、销售费用、财务费用之和。我们通过第三次经济普查资料获取上述指标数据。

③ 资本存量：基准年固定资本存量、固定资产投资额、固定资产投资价格指数。

（a）首先选择 1981 年为基准年份，根据投资数据比例，由 1981 年的固定资本存量[①]推出 1981 年采矿业及以下小类行业固定资本存量：

$$\frac{Mining_I}{Total_I}=\frac{Mining_K}{Total_K} \tag{8}$$

其中，$Mining_I$ 表示采矿业固定资产投资额，$Total_I$ 表示固定资产投资额，

---

① 1981 年全社会资本存量系已有研究的估算结果。

$Mining_K$ 表示采矿业固定资本存量，$Total_K$ 表示固定资本存量。

(b) 对于固定资产投资额，由于我国投资数据统计口径的变化，我们无法获得统一口径的采矿业（及各大类）固定资产投资额数据，因此我们依据现有资料选择较为合理的数据代替。比如，20世纪80年代到90年代初期，我国的采矿业企业多为国有和集体所有，因此在数据资料不全面的情况下，可以选择国有经济采矿业固定资产投资额或国有经济和集体经济加总的采矿业固定资产投资额代替采矿业固定资产投资额。当然，在数据资料完整的情况下，我们尽可能将各种经济类型的采矿业固定资产投资额进行加总。具体方法如下：

1981—1995年的采矿业（及各大类）固定资产投资额数据来源于《中国固定资产投资统计数典（1950—2000）》，其中1981—1984年数据使用国有经济采矿业（及各大类）固定资产投资额数据代替，1985—1995年数据为国有经济和城镇集体经济采矿业（及各大类）固定资产投资额之和。

1996—1998年的采矿业（及各大类）固定资产投资额为国有经济、城镇集体经济、联营经济、股份制经济、外商投资经济和港澳台商投资经济采矿业（及各大类）固定资产投资额总和，数据来源于《中国固定资产投资年鉴（1997—1999）》。

2006—2012年的采矿业（及各大类）固定资产投资额数据来源于《中国固定资产投资年鉴（2007—2013）》；其他年份数据均来源于统计局网站公布数据。

此外，由于官方公布数据中没有给出采矿业以下各小类的固定资产投资额数据，因此我们需要进一步劈分。比如，根据固定资产合计的比例，由石油和天然气开采业固定资产投资额分别推出石油开采业固定资产投资额和天然气开采业固定资产投资额，应用此方法进行劈分的还有铁矿、铜矿以及铝矿采选业。

(c) 利用统计局网站公布和已有研究获得的投资价格指数将固定资产投资额当年价转化为不变价，利用永续盘存法，即公式(6)推算出1982—2013年的资本存量。

(2) 计算资源寿命所需数据

① 资源实物存量：石油和天然气使用"剩余技术可开采储量"数据①，其他矿种采用基础储量数据。该类数据由国土资源部的矿产资源储量通报提供。

② 石油和天然气的年开采量及所有矿产能源年增长量数据均由国土资源部的矿产资源储量通报提供，其他矿产能源的年开采量选用2006年中加项目中数据。

3. 矿产和能源资源价值在机构部门间的分劈

我国资产负债表通常将所有常住机构单位划分为非金融企业部门、金融机构部门、政府部门、住户部门四个机构部门。由于我国的矿产资源归国家所有，国家拥有矿产资源的所有权，开采企业拥有矿产资源的经济所有权，并且在我国只允许个人采挖零星分散资源，因此私人开采所占比重较小。鉴于此，我们对我国矿产和能源资源价值量进行部门间分劈时，只考虑政府部门和非金融企业部门。

依照2012年SEEA和加拿大统计局对矿产资源价值部门间分劈的建议，我们将对前面估计所得的矿产和能源资源价值量，按照一定比例，在政府部门和非金融企业部门之间进行分劈，其中政府部门所占比重由开采者向政府预期支付的租金流占资源总产出的比重决定。

（1）开采企业向国家缴纳的与资源有关的费用

依照我国矿产资源相关法规，在我国实行采矿权有偿制度，开采矿产资源，必须按照国家有关规定缴纳相关费用和税款，包括采矿权使用费、采矿权价款、资源税和矿产资源补偿费。

采矿权使用费是指国家将矿产资源采矿权出让给采矿权人，按规定向采矿权人收取的费用，该费用按照矿区面积逐年缴纳，标准为每平方千米每年1000元，由登记管理机关收取。

采矿权价款是指国家将其出资勘查形成的采矿权出让给采矿权人，按照规定向采矿权人收取的价款，该价款由国家有关部门进行评估，由登记管理机关收取。

---

① 国土资源部的矿产资源储量通报在能源矿产查明资源储量统计表中只给出了石油和天然气的剩余技术可开采储量数据。

资源税是以各种应税自然资源为课税对象、为了调节资源级差收入并体现国有资源有偿使用而征收的一种税。

矿产资源补偿费是采矿权人因开采消耗属于国家所有的矿产资源而对国家的经济补偿。矿产资源补偿费按照下列方式计算：

$$矿产资源补偿费金额 = 矿产品销售收入 \times 补偿费费率 \times 开采回采率系数$$

其中，开采回采率系数为核定开采回采率与实际开采回采率之比，核定开采回采率以按照国家有关规定经批准的矿山设计为准。该费用由地质矿产主管部门会同财政部门征收。

采矿企业向国家缴纳的上述四种费用数额在相关部门应有记录，针对具体矿种，在缺乏数据的情况下可以按照销售收入或主营业务收入的比重进行分劈。

（2）按照机构部门进行分劈

我们以政府部门从采矿企业收取的费用占企业主营业务收入的比重为基础，将矿产和能源资源价值量在政府部门和非金融企业部门进行分劈。以煤为例，我们通过从相关部门搜集到的某年份煤炭开采和洗选业企业的采矿权使用费、采矿权价款、资源税和矿产资源补偿费加总，再除以该年份煤炭开采和洗选业企业主营业务收入，再将所得比重乘以之前方法计算所得的煤矿资源价值量，即得到政府部门的煤矿资源价值量。

参 考 文 献

[1] Jamal Othman, Yaghoob Jafari. Accounting for Depletion of Oil and Gas Resources in Malaysia [J]. The 55th AARES Annual Conference, 2011.

[2] M. del Mar RUBIO. Value and Depreciation of Mineral Resources Over the Very Long Run: An Empirical Contrast of Different Methods[J]. 2005.

[3] Robert L. Bradley Jr. Resourceship: An Austrian Theory if Mineral Resources[J]. Rev Austrian Econ, 2017(20).

[4] Statistics Canada. Provisional Estimates of Natural Resource Wealth in the National Balance Sheet Accounts. 2013.

［5］Statistics Canada. Sources and Methods of the Canadian System of Environmental.

［6］United Nations. System of Environmental-Economic Accounting 2012 Central Framework［M］.

［7］Valuation of Oil and Gas Reserves in the Netherlands 1990－2005［M］.

［8］澳大利亚统计局，OECD.澳大利亚国民账户体系中资产负债表的资产范围：地下资产核算.

［9］加拿大矿业、冶金和石油协会，矿资产估价特别委员会.加拿大采矿、冶金和石油协会矿资产估价标准和准则［M］.2003.

［10］联合国等.国民账户体系（2008）［M］.北京：中国统计出版社，2012.

［11］中华人民共和国矿产资源开采登记管理办法.1998.

［12］中华人民共和国资源税暂行条例实施细则.2011.

作者简介：于洋，女，毕业于北京交通大学，博士研究生，现为国家统计局统计科学研究所副研究员。汪明峰，男，毕业于贵州省委党校，现为贵州省统计局综合处副处长，高级统计师。

第八篇 资产负债表中的合约、租约、许可和商誉等无形非生产资产核算问题研究

韩 维

关于合约、租约、许可和商誉等,2008年SNA中称作"合约、租约、许可"和"商誉和营销资产",与"自然资源"共同构成非生产资产。本文首先系统梳理了2008年SNA关于合约、租约、许可和商誉等资产的基本概念与核算方法,在此基础上,结合我国现行综合统计制度、部门统计制度和会计准则,探讨我国合约、租约、许可和商誉等资产的核算问题。

一、2008年SNA中的合约、租约、许可和商誉等的核算

(一) 概念和分类

1. 概念

合约、租约、许可和商誉等资产不同于非生产但有实物形态的自然资源,也不同于生产性但无实物形态的知识产权产品,更不同于生产性且有实物形态的固定资产、存货等非金融资产,这一类资产的特征是没有可辨识的实物形态,同时也不是通过生产活动获得的,其所有者有权从事某种具体的活动并为其带来垄断利润,未经所有者允许其他机构单位不得从事该活动。

(1) 合约、租约、许可

作为资产的合约、租约、许可,是指法律协议使得持有者的收益超出了支付给自然资源出租人、所有者或者许可发放者的价格,并且在法律上和实践

中得到持有者的认定。

(2) 商誉和营销资产

商誉是指能在未来为企业经营带来超额利润的潜在经济价值,其价值中还可能会包括诸如品牌、注册商标、公司标识和域名等被称为营销资产的公司项目的价值。如果与其他资产分离,商誉可能是没有价值的,但商誉却增加了那些其他资产的价值,它是附加于各单项资产价值之上的价值。

2. 基本分类

合约、租约、许可,可能是进行市场交易的自然资源的租约和许可证,也可能是开展某项活动的许可以及未来货物和服务专用的授权。具体分为四个小类:可交易的经营租赁、自然资源使用许可、从事特定活动的许可、货物和服务的未来排他性权利(见图8-1)。

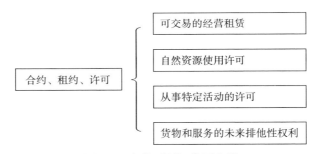

图 8-1　合约、租约、许可分类

(1) 可交易的经营租赁

可交易的经营租赁是指与固定资产有关的第三方财产权,承租人有权独立于出租人而把租约转让给原合约明确的两方以外的一个单位。

(2) 自然资源使用许可

自然资源使用许可是指与自然资源有关的第三方财产权,许可所有者准许使用者在相当长一段时间内使用该资源,使用者在这段时间内实际控制了资源的使用而几乎不受法定所有者的任何干预。

(3) 从事特定活动的许可

从事特定活动的许可是指进行一项特定活动需要获得准许,该准许完全独立于活动所涉及的任何资产,也不依赖于任何一项合格标准,有权从事该项活动的单位数目是有限制的,此类准许或由政府授予或由私有机构单位授予。

（4）货物和服务的未来排他性权利

货物和服务的未来排他性权利是指已经签约在将来某一时点以固定价格购买货物或服务的一方能够把协议第二方的义务转移给第三方。

（二）估价方法

资产估价方法主要有永续盘存法、净现值法、市场价格法和账面价值法等，在合约、租约、许可和商誉等资产的估价中多采用会计账面价值。由于合约、租约、许可和商誉等资产的资料获取难度较大、识别过程较为复杂，建议仅在有充分的证据表明其已在法律上和实践中得以实现时才将这些资产予以记录，并以此为基础对资产进行重估价。在下述情况下可将其纳入重估价范围考虑。

1. 合约、租约、许可

合约、租约、许可作为资产的两个条件：一是明确规定了所使用资产或提供服务的价格，该价格不同于缺少合约、租约、许可时遵循的价格；二是合约的一方必须能够合法地并且实际上实现这个价格差异。2008 年 SNA 建议只有在资产价值较大，且在实践中合约、租约、许可的持有者确实行使了他的权利以实现价格差异时，才将合约、租约、许可记录在资产账户中。其价值应随着合同剩余期限的缩短而下降，一旦超出合同协议时间，该资产便不复存在。

（1）可交易的经营租赁

在可交易的经营租赁中，当明确了一项资产使用的预定价格，且该价格与该资产当前租赁的价格不同，承租人在法律上和实践中都能通过转租给第三方来实现这一价格差异时，记录该资产。例如，一栋房子的租户以约定的价格交纳固定数量的租金，没有租约的话则房子租金会更高，如果这个租户能够合法且实际地转租这间房屋实现价差，则记录该项资产。

（2）自然资源使用许可

在自然资源使用许可中，相当于创造了一种区别于资源本身的资产（对于使用者而言），且该资产（资源使用许可）和资源价值又是相关的资产。例如，如果一个人持有捕鱼配额，并且他能够合法而实际地把这个配额转卖给其他人，则记录该资产。

（3）从事特定活动的许可

在从事特定活动的许可中,许可必须在数量上是有限的,它可以为持有者带来垄断利润,且垄断利润不是来自使用属于许可发放方的资产,同时持有者能够合法且实际地对第三方出售其许可。例如,政府通过发放许可来限制授权从事出租车运营的汽车数量,或限制授权娱乐场所的数量,实际上是为已获得授权的运营者创造了垄断利润,如果获准许可者通过出售资产许可能够实现这种权利,那么这种未来的收入流就应该被视为资产,该资产的价值取决于其出售的价值,在无法得到此数据时,也可采用估算未来垄断利润流现值的方法。

(4)货物和服务的未来排他性权利

在货物和服务的未来排他性权利中,如果某项合约可使持有人有权限制指定个人服务于其他单位的能力,那么这种合约可视作一项资产。例如,一家足球俱乐部可将其球员"出售"给另一家,实际上他们交易的并不是人,而是此人为其工作的排他性权利。再如出版文学作品、进行音乐演出等,所有这些合约都要作为资产处理,该类资产拥有在排他性的基础上获得货物和服务的权利。

2. 商誉和营销资产

商誉和营销资产不能被单独识别并出售给另一方,只有当一个机构单位被整体购买或者一项可识别的营销资产被售予另一机构单位时,才记录商誉和营销资产。2008年SNA建议采用一种一致的方法来计算商誉和营销资产的价值,无论该实体是上市公司还是非上市公司,是准公司还是非法人企业,可以用购买一家持续正常经营企业而支付的金额减去该企业的总资产与其负债之差。

二、我国合约、租约、许可和商誉等的核算

目前,我国关于合约、租约、许可和商誉等的核算尚处于探索研究阶段。

(一)数据现状和主要问题

1. 合约、租约、许可和商誉等核算的数据现状

(1)从会计准则看

合约、租约、许可和商誉等核算数据主要来源于基层单位财务会计核算

资料,按照《企业会计准则(2006)》定义,企业无形资产、商誉等会计科目中均有类似合约、租约、许可和商誉等特征的资产。

① 会计核算中的"无形资产"

《企业会计准则(2006)》第 6 号:无形资产是指企业拥有或控制的没有实物形态的可辨认非货币性资产,主要包括专利权、非专利技术、商标权、著作权、特许权等。

无形资产中的专利权、商标权、著作权、特许权等带"权"字的无形资产,代表了被授予者的一种权益,该权益是基于法律基础达成的协议、合同,与 2008 年 SNA 定义的生产毫无关系,属于国民经济核算中的合约、租约、许可。无形资产中的专利技术、计算机软件和数据库等无形资产属于国民经济核算中的知识产权产品。

② 会计核算中的"石油天然气开采"

《企业会计准则(2006)》第 27 号:油气开采活动包括矿区权益的取得以及油气的勘探、开发和生产等阶段,其中,矿区权益是指企业取得的在矿区内勘探、开发和生产油气的权利。为取得矿区权益而发生的成本在发生时予以资本化,作为构成项之一计入油气资产。

会计核算中的矿区权益在指标内涵上相当于自然资源使用许可,属于国民经济核算中的合约、租约、许可。

③ 会计核算中的"商誉"

《企业会计准则(2006)》第 20 号:企业合并中,购买方对合并成本大于合并中取得的被购买方可辨认资产公允价值份额的差额,应该确认为商誉。由于它的不可辨认性,《企业会计准则(2006)》将其从无形资产中分离出来独立确认为一项资产。

商誉是由各种因素相互影响、相互作用而产生的,没有任何一笔支出能够确认是专为创造商誉而支出的,确定商誉存在并对它做出会计计量是相当困难的。因此,在会计实务中,一般只对企业外购商誉即合并商誉加以确认入账,自行创造的商誉不予入账。关于商誉的确认标准,会计和统计基本是一致的,即只在企业合并、重组、买卖发生时才予以确认记录。

(2)从统计调查制度看

① 综合统计调查制度

从综合统计调查范围看,经济普查年份是全面调查,调查范围包括:工业、建筑业、批发和零售业、住宿和餐饮业、金融业、房地产业以及服务业等各行业的全部单位。非经济普查年份仅对规模以上工业企业、有资质的建筑业企业、限额以上批发和零售业企业、限额以上住宿和餐饮业企业、房地产开发经营企业、规模以上服务业企业等单位进行全面调查,对于规模以下、限额以下的单位则采用抽样调查的方法。

从综合统计调查指标看,各行业均没有设置资产负债调查表,仅在企业财务状况中对资产总计、存货、固定资产、应收账款等重点资产指标进行调查统计,非金融资产投资情况中对无形资产进行统计调查,对于商誉、无形资产明细项、油气资产及其明细项则缺少统计调查。

② 部门统计调查制度

国资委、税务局、银监局、证监局、保监局等政府部门的统计调查制度中均设置了企业资产负债统计报表,要求企业按年度、季度不同频次进行上报,并经加工整理形成不同口径范围的资产负债汇总表,其中包含对企业无形资产和商誉等资产指标的统计调查。

国资委资产负债表填报范围为辖区直管国有及国有控股单位、辖区直属部门单位以及下辖区域的国有及国有控股单位,不含中央驻地方单位;调查指标中有无形资产、油气资产和商誉的调查,没有无形资产和油气资产明细项的调查。

税务部门资产负债表填报范围为全部税收申报单位,根据申报单位所属行业及其会计记账特点,金税三期共设置了八类资产负债表,包括一般企业资产负债表、商业银行资产负债表、证券公司资产负债表、保险公司资产负债表、企业资产负债表、小企业资产负债表、事业单位资产负债表和民间非营利组织资产负债表。一般企业资产负债表中有无形资产和商誉的调查,没有无形资产明细项的调查;商业银行资产负债表、证券公司资产负债表、保险公司资产负债表、企业资产负债表、小企业资产负债表、事业单位资产负债表和民间非营利组织资产负债表中有无形资产的调查,没有无形资产明细项和商誉的调查。

银监部门资产负债表填报范围为各政策性银行、国有商业银行、股份制商业银行、城市商业银行、农村商业银行、农村合作银行、企业集团财务公司、中国邮政储蓄银行、外资法人银行和金融租赁公司的境内分支机构；调查指标中有无形资产和商誉的调查，没有无形资产明细项的调查。

证监部门资产负债表按申报单位所属行业分为三类，包括证券业资产负债表、基金业资产负债表和期货业资产负债表。证券业填报范围为辖区内证券公司、分公司和营业部、证券资产管理公司等；基金业为辖区内基金公司、基金公司子公司等；期货业为辖区内期货公司和营业部、期货公司子公司等。证券业调查指标中有无形资产和商誉的调查，没有无形资产明细项的调查；基金业和期货业调查指标中有无形资产的调查，没有无形资产明细项和商誉的调查。

保监部门资产负债表填报范围为辖区内的保险总公司、分公司、支公司和营销服务部等；调查指标中有无形资产的调查，没有无形资产明细项和商誉的调查。

2. 合约、租约、许可和商誉等核算的主要问题

合约、租约、许可和商誉等核算中面临的主要问题是基础数据资料缺失，缺失的原因主要有两方面：一方面是此类资产辨识困难、确认复杂；另一方面是关于此类资产的统计调查制度不健全。从制度方面看，一是综合统计制度中极少涉及合约、租约、许可和商誉等资产类指标的调查；二是部门统计制度只对其监管单位进行调查，调查数据不是全行业全口径；三是综合统计制度和部门统计制度中均不设无形资产、油气资产等指标的明细项调查，故无法掌握企业二级、三级会计科目下的合约、租约、许可和商誉等资产情况。

尽管会计核算中对专利权、著作权、特许权等权益类无形资产以及矿区权益等自然资源使用许可有所计量，商誉也在企业发生合并重组时予以核算，一定程度上具备了合约、租约、许可和商誉等资产核算的基础，但由于统计调查制度的不健全不完善，核算基础薄弱，合约、租约、许可和商誉等资产的核算难度依然较大。

(二) 合约、租约、许可和商誉等核算的建议

1. 合约、租约、许可和商誉等指标调查的建议

国民资产负债表的编制是一项庞大的工程，涉及部门多、数据量大，一方面可以从部门借力获取数据资料，另一方面要完善统计调查制度，增加合约、

租约、许可和商誉等资产类指标的调查统计。具体看：一是健全统计调查制度，夯实数据基础，增加合约、租约、许可和商誉等资产指标的常规性调查。二是增加典型性调查，提高测算精度，增加无形资产、油气资产等资产明细情况的调查。

2. 合约、租约、许可和商誉等核算方法的建议

（1）商誉核算

鉴于目前综合统计部门和其他部门数据现状，建议利用国资委、财政部门、银监部门和证监部门资产负债表数据进行商誉指标的核算。其中，非金融企业部门数据主要来自国资委和财政部门分行业资料，金融机构部门数据主要来自银监和证监等部门的资料。

① 非金融企业部门商誉核算

非金融企业部门包括农业企业，工业企业，建筑业企业，批发零售业企业，住宿餐饮业企业，交通运输、仓储和邮政业企业，房地产业企业，其他服务业企业等各类非金融法人企业，各行业商誉之和即为非金融企业部门商誉，各行业商誉分别利用本行业国有及国有控股企业商誉、本行业国有及国有企业资产占本行业总资产的比重测算得到。

② 金融机构部门商誉核算

金融机构部门包括货币金融服务、资本市场服务、保险业和其他金融业等。其中，货币金融服务业商誉取自银监部门资产负债表中的商誉，资本市场服务商誉取自证监部门资产负债表中的商誉，保险部门资产负债表中暂无商誉数据统计，其他金融业商誉取自财政部门和行业协会数据。

③ 政府部门和住户部门商誉核算

政府部门和住户部门不涉及商誉核算。由于商誉是企业在合并、重组过程中，或者在买卖某一企业的过程中得以确认记录的，一般不会涉及政府部门和住户部门，因此两个部门不进行商誉的核算。

（2）合约、租约、许可核算

国资委、财政部门、银监部门、保监部门和证监部门的资产负债表中只有无形资产指标的统计，需要对其进行调查分析，并加工整理出合同权益类资产的情况，以此为基础测算分机构部门的合约、租约、许可。非金融企业部门数据主要来自国资委和财政部门分行业资料，金融机构部门数据主要来自银

监、证监和保监等部门的资料。此外,根据企业会计准则,油气资产中可能含有矿区权益,在可获知的情况下,也应将其纳入合同权益中。

① 非金融企业部门合约、租约、许可核算

各行业合约、租约、许可之和即为非金融企业部门合约、租约、许可,各行业合约、租约、许可分别利用本行业国有及国有控股企业合同权益类资产、本行业国有及国有企业资产占本行业总资产的比重测算得到。其中,各行业国有及国有控股企业合同权益类资产等于各行业国有及国有控股企业无形资产、油气资产中合同权益类资产所占份额之和。

② 金融机构部门合约、租约、许可核算

货币金融服务、资本市场服务、保险业和其他金融业合约、租约、许可之和即为金融机构合约、租约、许可。货币金融服务合约、租约、许可等于银监部门资产负债表中的合同权益类资产;资本市场服务合约、租约、许可为证监部门三类企业合同权益类资产之和,即证券公司资产负债表中的合同权益类资产、基金公司资产负债表中的合同权益类资产、期货公司资产负债表中的合同权益类资产;保险市场服务合约、租约、许可等于保监部门资产负债表中的合同权益类资产;其他金融业合约、租约、许可取自财政部门和行业协会有关数据。其中,货币金融服务、资本市场服务、保险业和其他金融业合同权益类资产等于各部门资产负债表中无形资产、油气资产中合同权益类资产所占份额之和。

③ 政府部门和住户部门合约、租约、许可核算

政府部门和住户部门一般不涉及合约、租约、许可资产核算。被视作资产的合约、租约、许可的交易与转让多发生在企业部门,政府部门基本不涉及,住户部门虽有可能发生,但数额通常较小,因此,政府部门和住户部门不进行合约、租约、许可的核算。

参 考 文 献

[1] 财政部会计司.企业会计准则讲解(2010)[M].北京:人民出版社,2010.

[2] 曹景林.无形资产统计[M].上海:复旦大学出版社,2006.

［3］高敏雪等.国民经济核算原理与中国实践（第三版）［M］.北京：中国人民大学出版社，2013.

［4］联合国等.国民账户体系（1993）［M］.北京：中国统计出版社，1995.

［5］联合国等.国民账户体系（2008）［M］.北京：中国统计出版社，2012.

［6］中华人民共和国财政部.企业会计准则（2006）［M］.北京：经济科学出版社，2006.

［7］中华人民共和国财政部.企业会计准则——应用指南（2006）［M］.北京：中国财政经济出版社，2006.

作者简介：韩维，女，毕业于南开大学，硕士研究生，现为天津市统计局国民经济核算处一级主任科员，高级统计师。

第九篇　资产负债表中的金融资产核算问题研究

王震颖　张志远

金融资产是资产负债表的重要内容。深入开展金融资产核算，准确客观反映我国金融资产规模、结构以及发展变化状况，对编制资产负债表、客观评估经济运行风险、切实提高政府宏观决策水平具有重要的意义。

本文梳理了2008年SNA中金融资产的概念、分类和估价方法，根据我国金融产品、金融业务和新兴金融业态发展情况，研究了金融监管部门、金融市场机构、金融市场托管机构和金融行业协会等部门的资料，提出了我国金融资产的分类，初步探索了我国金融资产的估价核算方法。

一、2008年SNA中的金融资产核算

（一）金融资产的概念和分类

金融资产是指代表未来收益索取权或者资产合法要求权的凭证，是以价值形态存在的资产，在一定时期内持有或使用这项资产会带来经济利益。金融资产与金融交易相联系，金融交易同时形成金融资产和金融负债，确定机构单位的债权或债务关系。通常，金融资产是金融债权，表示债权人依据与债务人所规定的契约条款，有权获得债务人一次或连续地付款的资产。

2008年SNA规定，金融资产由所有金融债权、公司股票和公司其他权益，以及被货币当局持有作为储备资产的黄金组成。金融资产分为八个大类

和一个备忘项目。八大类金融资产分别为货币黄金和特别提款权,通货和存款,债务性证券,贷款,股权和投资基金份额,保险、养老金和标准化担保计划,金融衍生工具和雇员股票期权,其他应收/应付款(见图9-1)。备忘项目包括外商直接投资和不良贷款。

1. 货币黄金和特别提款权

货币黄金是由货币当局(或受货币当局有效控制的其他机构)所拥有的、并作为储备资产而持有的黄金。特别提款权(SDR)是由国际货币基金组织(IMF)创立并分配给会员以补充现有储备资产的国际储备资产。

2. 通货和存款

通货指由中央银行或中央政府发行或授权的具有固定面值的纸币和硬币。存款按是否可转让划分为可转让存款(包括银行同业存款)和其他存款,其中,可转让存款包括银行间头寸和其他可转让存款;从本币和外币角度,存款划分为本币存款和外币存款。

3. 债务性证券

债务性证券作为债务证明的可转让工具,包括票据、债券、可转让存款证、商业票据、债券证、资产支持证券和通常可在金融市场交易的类似工具,非参与优先股、可转债和银行承兑汇票也归入债务性证券。按到期日可分为短期债务性证券和长期债务性证券。

4. 贷款

贷款包括透支、分期付款贷款、分期付款购物信用和商业信用融资贷款,以及证券回购协议、黄金掉期和融资租赁。从贷款期限角度,划分为短期贷款和长期贷款。

5. 股权和投资基金份额

股权和投资基金份额的显著特征是持有者对发行单位的资产有剩余索取权。股权分为上市股票、非上市股票和其他股权。投资基金是将投资者的资金集中起来投资于金融或非金融资产的集体投资,投资基金份额分为货币市场基金和其他投资基金份额两类。

6. 保险、养老金和标准化担保计划

保险、养老金和标准化担保计划都是金融机构进行财富调节或收入再分配的形式,包括非寿险专门准备金、寿险和年金权益、养老金权益、养老金发起人的养老基金债权和标准化担保代偿准备金。

7. 金融衍生工具和雇员股票期权

金融衍生工具是与某种特定金融工具、特定指标或特定商品挂钩的金融工具，通过金融衍生工具，特定的金融风险本身就可以在金融市场上交易，分为期权和远期。雇员股票期权是雇主与雇员在某日（授权日）签订的协议，协议在未来约定时间（含权日）或紧接着的一段时间（行权期）内，雇员以约定价格（执行价格）购买约定数量的雇主的股票。

8. 其他应收/应付款

其他应收/应付款主要包括商业信用、预付款，以及与税、红利、地租、工资薪金等相关的其他应收/应付款。

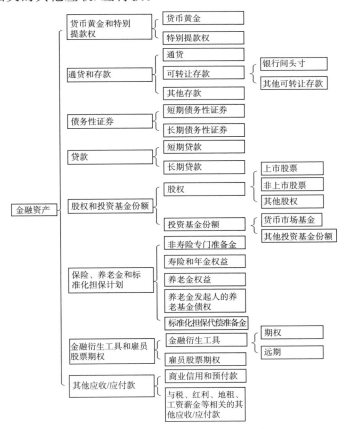

图 9-1　2008 年 SNA 金融资产分类

（二）金融资产的估价

在 2008 年 SNA 中，金融资产主要遵循市场价格估价的原则。只要金融资产是在有组织的市场上有规律地交易，就对它们按现价进行估价。不在有组织的市场上交易的债权，要根据债务人必须付给债权人以抵销债务的数额对债权进行估价。市场价格不包括进行交易时对所提供服务支付的服务费、酬金、委托金及其他类似费用。八大类金融资产的估价方法如下。

1. 货币黄金和特别提款权

货币黄金按在有组织的市场上形成的价格或中央银行之间双边协议确立的价格来估价。特别提款权的价值由国际货币基金组织根据货币篮子决定。

2. 通货和存款

通货按其面值估价。存款按债权人和债务人资产负债表中记录的价值即存款结清时债务人根据契约规定应偿还给债权人的数额估价。未偿本金数额包括各种应付但未付的利息和服务费用。外币通货和存款以资产负债表编制日的汇率换算成本币。

3. 债务性证券

债务性证券按照市场价格估计。短期证券以其当期市场价值进行估价，长期证券按其市场价格估价。对于指数化债务证券，不管与证券相挂钩的指数具有何种特点，在资产负债表中都应按照市场价格估价。

4. 贷款

贷款价值按其未偿付本金数额估价，既包括已产生但未付的利息，还包括由该项债务产生但未支付的服务费用。

5. 股权和投资基金份额

上市股票和上市投资基金份额采用市场价格估价。未上市股票和未上市基金份额选择近期交易价格、净资产价值、现值/市盈比率、自有资金账面价值、摊销全球价值等各种接近直接投资企业中股东权益价值的方法估价。

6. 保险、养老金和标准化担保计划

保险、养老金和标准化担保计划适用的准备金有四种，分别是非寿险专门准备金，寿险和年金权益，养老金权益和标准化担保代偿准备金。非寿险准备金，寿险和年金权益按未满期保费加上未决赔款的数额估价。事先商定好的养老金权益,采用养老金提供者负债的精算估计值估价。当养老金数额依赖于未来养老金缴款的投资收益,则根据养老金持有的金融资产的市场价值估价。标准化担保代偿准备金等于现有担保索赔的预期水平减去预期收益。

7. 金融衍生工具和雇员股票期权

金融衍生工具应当按其市场价格估价,如果得不到市场价格数据,可以采用其他适当的估价方法,如期权模型或现值。

雇员股票期权根据所授予的权益工具的公允价值进行估价,利用在授予日已交易期权的同等市场价值进行测算,或利用一个期权定价模型(二项式模型或 Black-Scholes 模型)进行测算。

8. 其他应收/应付款

商业信用、预付款和其他应收或应付项目应当按照债务清偿时债务人按合同义务向债权人支付的本金估价。

二、我国资产负债表中的金融资产核算

(一) 我国资产负债表中的金融资产分类

参照 2008 年 SNA 金融资产分类标准,立足我国金融业发展现状,明确我国金融资产核算的分类(见表 9-1)。

表 9-1 我国金融资产分类比较

金融资产类别	2008 年 SNA 分类	我国行业统计分类	我国金融资产核算分类
通货和存款	通货	人民银行:M0	(1)本币通货(M0);(2)外币通货
	可转让存款、其他存款	人民银行:住户存款、非金融企业存款、广义政府存款、非银行业金融机构存款、境外存款 银监会:单位存款、个人存款、国库定期存款、临时性存款、其他存款	(1)信贷收支表中各类存款(住户存款、非金融企业存款、广义政府存款、非银行业金融机构存款);(2)常住者在国外的存款

（续表）

金融资产类别	2008年SNA分类	我国行业统计分类	我国金融资产核算分类
贷款	透支、分期付款贷款、分期付款购物信用和商业信用融资贷款，以及证券回购协议、黄金掉期和融资租赁	**人民银行**：住户贷款、非金融企业及机关团体贷款、非银行金融机构贷款、境外贷款 **银监会**：短期贷款、中长期贷款、贴现、贸易融资、融资租赁、各项垫款、其他贷款	(1)信贷收支表中贷款（住户贷款、非金融企业及机关团体贷款、非银行金融机构贷款）；(2)资金信托计划贷款、代客理财贷款；(3)委托贷款；(4)典当公司贷款；(5)小额贷款公司贷款；(6)网络借贷平台贷款
股权和投资基金份额	上市股权、非上市股权、其他股权	**证券交易所**：AB股普通股 **股权托管交易中心**：挂牌交易股票 **其他股权**：非上市公司股权和存托凭证	(1)证券交易所交易的AB股普通股；(2)股权托管交易中心挂牌交易的股票；(3)其他股权：非上市公司股权和存托凭证；(4)股权众筹
	货币市场基金份额、其他投资基金份额	**中国基金业协会**：证券投资基金（包含货币市场基金、其他投资基金） **人民银行**：非保本型理财产品 **证监会**：证券业资产管理产品 **保监会**：保险业资产管理产品 **信托行业协会**：按信托财产的初始性质和状态分类：资金信托、动产与不动产信托、财产权信托以及资金与非资金相兼的信托	(1)开放式基金、封闭式基金、ETF、LOF和QDII、私募股权投资基金；(2)银行业非保本型理财产品；(3)证券业资产管理产品(不含公募基金)；(4)保险业资产管理产品；(5)资金信托、动产与不动产信托、财产权信托以及资金与非资金相兼的信托
债务性证券	短期债务性证券、长期债务性证券	**上海证券交易所**：国债、地方债、企业债、公司债、可转债、可分离债、资产支持证券 **银行间市场**：国债、地方债、企业债、金融债、非金融企业债务性融资工具	(1)各类债券（政府部门债券、金融机构部门债券、非金融机构部门债券）[1]；(2)银行承兑汇票；(3)常住者持有国外债券

---

[1] 各类债券包含的具体品种见表9-2。

（续表）

金融资产类别	2008年SNA分类	我国行业统计分类	我国金融资产核算分类
保险准备金和社保基金权益	保险、养老金和标准化担保计划	保监会：财产保险责任准备金和人身保险责任准备金	(1)未到期责任准备金；(2)未决赔款准备金；(3)寿险责任准备金；(4)长期健康险责任准备金
		人社部：养老保险、医疗保险、失业保险、工伤保险、生育保险	(1)基本养老保险；(2)失业保险；(3)基本医疗保险；(4)工伤保险；(5)生育保险基金
金融衍生品和雇员股票期权	期权、认股权证	上海证券交易所：期权 中国外汇交易中心：外汇期权	上海证券交易所交易和中国外汇交易中心交易的期权
	远期、期货、互换	上海清算所：航运及大宗商品远期、掉期 中国外汇交易中心：利率互换、远期利率协议 上海期货交易所、大连商品交易所、郑州商品交易所：铜、螺纹钢、大豆、玉米等商品期货合约 中国金融期货交易所：股指期货合约、国债期货合约	各证券交易所、期货交易所等交易的远期、期货和互换合约①
	雇员股票期权（上市公司和非上市公司）	中国证券监督管理委员会：上市公司股权激励计划	上市公司实施的股权激励计划
国际储备	货币黄金和特别提款权	外汇管理局：货币黄金、特别提款权、在国际货币基金组织的储备头寸和外汇储备	(1)货币黄金；(2)特别提款权；(3)在国际货币基金组织的储备头寸；(4)外汇储备
企业应收及应付款	商业信用和预付款、其他应收应付款	企业资产负债表科目：应收票据、应收账款、预付账款、应收股利、应收利息、其他应收款、长期应收款、应付票据、应付账款、预收账款、应付职工薪酬、应交税费、应付利息、应付股利、其他应付款、预提费用、长期应付款、专项应付款	(1)应收款项(应收票据、应收账款、应收股利、应收利息、其他应收款、长期应收款)和预付账款；(2)应付款项(应付票据、应付账款、应付职工薪酬、应交税费、应付利息、应付股利、预提费用、长期应付款、专项应付款、其他应付款)和预收账款

---

① 各类金融衍生工具包含的具体品种见表9-3。

1. 通货和存款

我国通货包括本币通货和外币通货,本币是流通中的货币,即 M0。在中国人民银行信贷收支表中存款分为境内存款和境外存款,境内存款按机构部门划分,包括住户存款、非金融企业存款、广义政府存款和非银行业金融机构存款。中国人民银行信贷收支表内存款和常住者在国外的存款构成了存款资产的核算内容。

2. 贷款

我国贷款资产以中国人民银行信贷收支表中统计的银行、财务公司、信托、金融租赁和汽车金融公司发放的各项贷款为主。信贷收支表中贷款分为境内贷款和境外贷款。境内贷款包括住户贷款、非金融企业及机关团体贷款、非银行业金融机构贷款。银行业机构信贷收支统计范围之外的贷款包括委托贷款、信托计划贷款和代客理财贷款。除银行业机构外,还有部分机构也在开展贷款业务,主要是小额贷款公司贷款、典当公司贷款和网络借贷平台贷款。

3. 股权和投资基金份额

在我国,股权主要包括上市公司股权、非上市公司股权和其他股权。上市公司股权是指在证券交易所或有组织的金融市场中有规则地交易的公司股票。在我国,上市公司股权主要包括在沪深两交易所上市交易的股票(含两市主板、深市的中小板和创业板)。非上市公司股权主要包括新三板市场交易的股票和区域性股权交易市场挂牌并交易的股票,其中区域性市场一般经由国务院同意、各地方政府批准建立,其中的各项交易均属场外市场。其他股权则通常是指私募发行、未上市的股权等。

根据中国证券投资基金协会统计分类,我国的投资基金份额包含公开募集证券投资基金(公募基金)和私募证券投资基金(私募基金)。其中,公募基金又包含开放式基金、封闭式基金、ETF(交易型开放式指数基金)、LOF(上市型开放式基金)和 QDII(合格境内机构投资者)。

银行业、证券业和保险业发行的资产管理产品也属于投资基金份额。银行业资产管理产品主要是银行非保本型理财产品。证券业资产管理业务主要包括证券公司资产管理业务、基金公司专户业务、基金子公司专户业务、期货公司资管业务、私募机构私募基金。其中,证券公司资管业务包括定向资产管理、集合资产管理和专项资产管理三类。定向资产管理业务指证券公司与单一客户签订定向资产管理合同,通过该客户的账户为客户提供资产管理服务的一种业务,目前主要是银证通道业务。集合资产管理又叫券商集合理财产品,是指证券公司设立集合资产管理计划,与客户签订集合资产管理合同,通过专门账户为客户提供资产管理服务。证券公司专项资产管理主要是券商资产证券化业务。保险业资产管理业务主要包括养老保险公司企业年金受托资产管理和保险资产管理公司业务。

此外,2008年SNA没有关于信托权益计划的界定,但是按照信托产品的内涵,信托权益计划也应当属于投资基金份额。根据信托财产的初始性质和状态,可以将其分为资金信托、动产与不动产信托、财产权信托(例如有价证券信托)以及资金与非资金相兼的信托四大类别;根据资金投向的领域或对象,可以分为房地产信托、基础设施信托、信贷资产受让信托、实业投资信托、证券投资信托、组合投资信托等;根据资金运用的方式,可以分为贷款类信托、股权投资类信托、租赁类信托、交易类信托等;根据委托人法律上的性质,可以分为法人信托、个人信托和个人法人通用的信托。信托计划权益是指信托计划受益人在信托计划中享有的经济利益。

4. 债务性证券

我国债务性证券主要是各类债券和银行承兑汇票。银行承兑汇票是未在银行贴现的银行承兑汇票,即企业签发的全部银行承兑汇票扣减已经在银行表内贴现的部分。各类债券主要包括债券、票据(中期票据、央行票据、中小企业集合票据等)和资产支持证券。目前,我国各类债券涉及的品种较多,情况较为复杂,呈现"行政主导、多头分散"的局面。从债券发行的监管主体看,主要包括由财政部发行管理的储蓄国债,这类债券仅在银行柜台交易;由证监会监管发行的公司债、可转债等,主要在沪深证券交易所交易;由人民银行监管发行的金融债、非金融企业债务性融资工具等,主要在银行间市场交易,由财政部、发改委发行管理的记账式国债、地方政府债和企业债既可以在银行间市场交易,也可以在沪深证券交易所交易,这些债券的托管结算由中央国债登记结算有限责任公司(以下简称"中债登")、中国证券登记结算有限公司(以下简称"中证登")和银行间市场清算所股份有限公司(以下简称"上海清算所")三家机构负责。为便于核算,避免重复和遗漏,本文整理了国内各类债券品种、投资者构成、交易场所和登记结算情况(见表9-2)。

表 9-2　各类债券交易、托管情况

发行机构	债券品种	投资者	交易场所	登记结算机构
政府部门债券	储蓄国债（凭证式国债、电子式国债）	个人	银行柜台交易	中债登
	记账式国债	金融机构 非金融企业 个人	银行间市场 上海证券交易所 深圳证券交易所	中债登 中证登
	地方政府债券			
非金融机构部门债券	企业债	金融机构 非金融企业 个人	上海证券交易所 深圳证券交易所	中证登
	非金融企业发行的公司债、企业资产支持证券、可分离债、可转债			
	铁路公司等政府支持机构债券	金融机构 非金融企业	银行间市场	中债登
	非金融企业债务融资工具（短融、超短融、定向工具、中期票据、集合票据、资产支持票据等）			中债登 上海清算所
金融机构部门债券	证券公司短期融资券、资产管理公司金融债、同业存单	金融机构 非金融企业	银行间市场	中债登 上海清算所
	信贷资产支持证券、政策性金融债		银行间市场 上海证券交易所	中债登 上海清算所
	国际开发机构金融债、央行票据、二级资本工具、混合资本债、普通金融债、次级债、保险公司资本补充债、中央汇金发行的政府支持机构债券		银行间市场	中债登 上海清算所
	金融企业发行的公司债券	金融机构 非金融企业 个人	上海证券交易所 深圳证券交易所	中证登

5. 保险准备金和社保基金权益

我国保险准备金包括未到期责任准备金、未决赔款准备金、寿险责任准备金、长期健康险责任准备金。社保基金权益包括基本养老保险、失业保险、基本医疗保险、工伤保险、生育保险基金等。其中，基本养老保险基金包括城镇职工基本养老保险基金和城镇居民基本养老保险基金，基本医疗保险基金包括城镇职工基本医疗保险基金和城镇居民基本医疗保险基金。

6. 金融衍生品和雇员股票期权

在实务中常见的金融衍生品为期权、远期、互换和期货。期权是赋予期权购买者特定权利的一种合约：期权购买者可按事先约定的价格，在某一时期或某一日期，购买或出售某一特定金融工具或商品。远期合约的双方同意按合约规定的价格在特定日期交换约定数量的标的物（实物或金融资产）。互换可以看作多个远期合约的复杂化合约。期货合约是标准化的、在有组织的交易所交易的远期合约，是远期类金融衍生品中具有代表性的合约。其中，远期、互换和期货的交易具有类似的特征，仅存在合约的标准化和交易复杂程度上的区别，因此都归入远期类金融衍生品。期权合约与前者相比具有截然不同的交易目的和风险收益特征，因此单列为一种金融衍生品。

我国场内交易期权有两种：一种是上海证券交易所交易的期权合约，即以上证50ETF为标的的上证50ETF期权合约（2015年2月9日上市）；另一种是中国外汇交易中心交易的外汇期权合约。行权方式均为欧式期权。标的资产的购买或出售应按市场价格计入相关账户。目前我国尚不存在认股权证和场外交易的期权合约。

我国现存的远期和互换包括大宗商品远期、掉期、远期利率协议（FRA）、利率互换、货币互换、远期外汇合约等。其中大宗商品远期合约和远期利率协议在上海清算所交易，其他远期合约在中国外汇交易中心交易。期货合约的品种比较丰富，主要在三大商品期货交易所和中国金融期货交易所交易（见表9-3）。

表 9-3　各类金融市场期权、期货品种情况

分类	交易所名称	品种名称
商品期货	上海期货交易所	铜、铝、锌、铅、黄金、白银、天然橡胶、燃料油、石油沥青、螺纹钢、线材
	郑州商品交易所	一号棉、早籼稻、甲醇、菜籽油、油菜籽、菜籽粕、白糖、PTA、普麦、强麦、玻璃、动力煤、粳稻
	大连商品交易所	黄大豆一号、黄大豆二号、胶合板、玉米、纤维板、铁矿石、焦炭、鸡蛋、焦煤、聚乙烯、豆粕、棕榈油、聚氯乙烯、豆油
金融期货	中国金融期货交易所	沪深300股指期货、5年期国债期货

（续表）

分类	交易所名称	品种名称
期权	外汇交易中心	外汇期权
	上海证券交易所	股票期权
远期	外汇交易中心	远期利率协议
大宗商品衍生品	上海清算所	人民币远期运费协议、人民币铁矿石掉期、人民币动力煤掉期、自贸区铜溢价掉期

我国雇员股票期权分为上市公司雇员股票期权和非上市公司雇员股票期权。我国上市公司通常采用股票期权激励模式，而非上市公司大体采用虚拟股票期权的操作模式。上市公司雇员股票期权是在沪深交易所上市的公司针对公司雇员实施的股票期权激励计划。2006年1月1日，《上市公司股权激励管理办法（试行）》正式实施之后，中国的股票期权激励制度得到了迅速发展，但中国证券登记结算中心并没有强制要求上市公司对股权激励计划的实施和执行进行登记。

7. 国际储备

参照我国外汇管理局对国际储备的分类标准，将国际储备分为货币黄金、特别提款权、在国际货币基金组织的储备头寸和外汇储备。

8. 企业应收及应付款

我国企业应收款包括应收票据、应收账款、预付账款、应收股利、应收利息、其他应收款、长期应收款；企业应付款包括应付票据、应付账款、预收账款、应付职工薪酬、应交税费、应付利息、应付股利、预提费用、长期应付款、专项应付款、其他应付款等。

（二）我国资产负债表中的金融资产估价方法研究

根据金融资产分类，在综合考虑基础资料的可获得性和数据质量可靠性的基础上，本文进一步探索我国主要金融资产核算估价技术。

1. 通货和存款

我国本币通货将面值作为估价价值，根据中国人民银行货币供应量和货币存量资料核算；外币通货根据外汇管理局国际投资头寸表资料，以资产负债表编制日的外汇中间价兑换为本币。

我国存款核算主要包括国内存款和常住者在国外的存款。国内存款根据中国人民银行金融机构本外币信贷收支表核算,以存款的名义价值计入金融机构部门的负债方和其他机构部门的资产方,仅包括存款的本金数,不包含对应的利息额。常住者在国外的存款根据中国国际投资头寸表中相关科目核算,分别计入相关机构部门的资产方。

需要指出的是,由于信贷收支表中的委托存款是委托存款扣除委托贷款后的净额,是暂未成功发放委托贷款而沉淀在银行的资金,为更清晰地反映存款资金的来源和使用情况,应在存款余额数据基础上加上已发放的委托贷款余额数据。

2. 贷款

我国贷款核算主要包括信贷收支表中的贷款、资金信托计划贷款、代客理财贷款、委托贷款、小额贷款公司贷款、典当公司贷款、网络借贷平台贷款等国内机构部门贷款以及国外对常住者的贷款。国内机构部门贷款根据中国人民银行信贷收支表、理财信托资金情况,以及小额贷款公司和典当公司的统计数据核算,分别以贷款的名义价值计入金融机构部门的资产方和其他机构部门的负债方,仅包括贷款的本金数,不包含对应的利息额。网络借贷平台贷款,目前规模较小且无确切的贷款数据来源,可暂不进行核算。国外对常住者的贷款根据中国国际投资头寸表中相关科目核算,计入相关机构部门的负债方。

3. 股权和投资基金份额

上市公司股权在有组织的交易所交易,主要根据上海证券交易所和深圳证券交易所以及中国证券登记结算公司掌握的上市公司和投资者情况等资料进行核算,分别计入投资者的资产方、融资者的负债方。此外,各地股权托管交易中心为中小微企业的股权托管、报价和交易提供了平台,掌握挂牌企业的股本构成和投资者构成等情况,为上市股权核算提供参考。

非上市公司股权和其他股权不存在明显的市场价格,估价的主要依据是银监会、证监会、保监会、财政部等部门提供的部门汇总数据和资产负债表,各行业企业统计年报中的资产负债表;等等。

我国的投资基金份额采用资产规模(封闭式基金)和净值规模(开放式基

金、ETF 和 LOF)进行估价。中国证券投资基金业协会的资产规模和净值规模合计作为投资基金份额的总规模,计入金融部门投资基金份额的负债方;根据中证登掌握的公募基金投资者构成情况资料,核算各机构部门持有的公募和私募投资基金份额规模,并计入各机构部门的资产方。

我国金融业主要资产管理业务可分别根据中国行业监管部门的统计资料开展核算。银行非保本型理财产品根据中国人民银行"代客理财资金情况"核算,分别计入住户部门和非金融企业部门投资基金份额的资产方、金融机构部门投资基金份额的负债方。证券公司资产管理业务,根据证监会的"证券公司资产管理业务情况"核算,分别记录在金融机构部门、非金融机构部门、住户部门投资基金份额的资产方,金融机构部门投资基金份额的负债方。保险公司资产管理业务,根据保监会"保险资产管理业务情况"核算,分别记录在住户部门、非金融企业部门、金融机构部门投资基金份额的资产方,金融机构部门投资基金份额的负债方。

我国信托权益计划核算主要根据中国信托业协会和中国人民银行信托统计相关资料核算。根据信托资产中的所有者权益核算,信托权益计划记录在住户部门、非金融企业部门和金融机构部门投资基金份额的资产方;根据信托资产的投向情况核算,信托权益计划记录在非金融企业部门和金融机构部门投资基金份额的负债方。

4. 债务性证券

我国债务性证券包括国内债券、常住者持有国外债券和银行承兑汇票。国内债券根据中债登、中证登和上海清算所三家登记托管机构资料核算,资产方根据"境内投资者构成情况"核算各机构部门债券投资情况,负债方根据三家托管机构年末债券托管余额分别计入发行方所属的机构部门。常住者持有国外债券根据国家外汇管理局"中国国际投资头寸表"核算。银行承兑汇票根据中国人民银行"未贴现银行承兑汇票"核算。

5. 保险准备金和社保基金权益

我国保险准备金和社保基金权益的估值,采用精算估计值和市场价值核算。保险准备金根据保监会保险公司资产负债表中的未到期责任准备金、未决赔偿准备金、寿险责任准备金和长期健康险责任准备金核算,并按照相关比重分别计入非金融企业部门、金融机构部门、政府部门和住户部门的资产方和金融部门的负债方。社保基金权益根据社会保险基金累计结余数据,分别计入住户部门的资产方和政府部门的负债方。

6. 金融衍生品和雇员股票期权

(1) 金融衍生品

作为新兴的风险管理手段,金融衍生品发展迅速,但蕴含在其背后的风险转移和套利投机的两面性特征,使其"游离"于传统的会计报表体系之外,更增加了对其进行估值和披露的难度。根据美国财务会计准则委员会(FASB)发布的美国财务会计准则第133号(SFAS 133)和国际会计准则委员会(IASC)发布的第32、39号国际会计准则,所有的金融衍生品均要在表内确认,并指出公允价值是计量金融工具的最佳计量属性,对金融衍生品而言则是唯一相关的计量属性。2008年SNA对金融资产的估值也引入了公允价值原则。在我国的企业会计准则中,对公允价值的描述与国际会计准则基本一致。

① 期权核算

期权的市场价值等于期权合约签订时期权买方支付给卖方的期权费。场内交易的期权在每一个交易日都可以从交易所得到期权的价格;对于场外交易的期权,可以用可获得的市场价格来做记录;在期权价格不可获得的情况下,可以利用期权定价模型来确定。

上海证券交易所交易的上证50ETF期权和外汇交易中心交易的外汇期权均为场内交易期权。按照机构部门分类将市场参与者持有的合约价值直接计入对应机构部门的资产和负债。

② 远期核算

金融机构的报表对衍生金融资产的记录比较规范,对于远期合约的记录采用逐笔合约记录方法,即每一张合约的公允价值盈利和亏损分别计入资产方和负债方。非金融企业的衍生金融资产数据在常规专业统计表中无法取得,且上市公司的年度报告中披露的相关数据不全,难以用于准确推算。因此,本文主要使用各交易市场提供的年末持仓数据、保证金数据(适用于掉期)、交易所提供的远期合约投资者头寸结构进行核算。

利用市场类机构提供的年初、年末远期合约的持仓量(掉期使用保证金数据),得到经济总体的远期合约公允价值,即金融衍生品资产总量。利用交易所提供的远期合约持有头寸结构比例,将经济总体远期合约资产总量分配到非金融企业部门、金融机构部门和住户部门。

(2)雇员股票期权

由于资料来源的限制,目前仅对上市公司雇员股票期权进行核算。雇员股票期权的核算对象是计入资产负债表的雇员股票期权,应该是当年未被行权、未被注销的期权。已经行权的雇员股票期权脱离了核算的范畴,已注销的期权属于因特殊原因(如员工离职或其他行权条件未实现的情况等)失效的期权。

利用 Black-Scholes 模型可以测算其公允价值作为雇员股票期权资产的价值。股票期权公允价值的 Black-Scholes 定价模型为:

$$C = \gamma e\omega [SN(d_1) - Ke^{-r\Delta T}N(d_2)]$$

$$d_1 = \frac{\ln\left(\frac{S}{K}\right) + (r + \sigma^2/2)\Delta T}{\sigma \sqrt{\Delta T}}, d_2 = d_1 - \sigma \sqrt{\Delta T}$$

其中,C 为股票期权的公允价值,γ 为期权授予数量,e 为等待期内预计每年期权的有效百分比,ω 为每期行权比例,K 为股票期权的行权价格,S 为年末交易日股票的收盘价格,ΔT 为股票期权的有效期,r 为无风险收益率,σ 为股票的历史波动率,$N(\cdot)$ 为标准正态分布累计概率分布函数,$\ln()$ 为自然对数。

上述公式中 γ、ω、K、S 可以从数据库中取得。ΔT、σ、r、e 的取值方法如下:

$$\Delta T = 等待期 + 存续期/2$$

σ:利用上一年标的股票日收盘价的波动率进行估价,估价方法参照 John C. Hull(2009)。

r:由于非整年(非关键年份)的连续复利收益率难以计算,无风险收益率取自中国证券登记结算有限公司提供的国债收益率。

e:根据现有股权激励计划的实施情况,取值为 97%。

利用 Black-Scholes 模型估算出的雇员股票期权价值分别计入非金融企业部门和金融机构部门的负债方和住户部门的资产方。

7. 国际储备

我国国际储备根据外汇管理局的中国国际投资头寸表(分项目、分部门、分期限）资料,将货币黄金、特别提款权、在国际货币基金组织的储备头寸和外汇储备,计入金融机构部门的资产方。

8. 企业应收及应付款

我国企业应收及应付款主要根据各行业统计的企业财务资料和金融监管部门的金融机构资产负债表核算。除企业资产负债表中的应收账款科目直接计入资产方、应付账款科目直接计入负债方外,还需要根据流动资产、资产总计、流动负债、非流动负债等会计科目估算应收股利、应收利息、应付职工薪酬、应付利息等数据。

参 考 文 献

[1] SNA 的修订与中国国民经济核算体系改革课题组. SNA 的修订及对中国国民经济核算体系改革的启示[J]. 统计研究,2012(6).

[2] SNA 的修订与中国国民经济核算体系改革课题组. SNA 关于雇员股票期权核算方法的研究及其对中国国民经济核算的影响[J]. 统计研究,2013(7).

[3] 国际货币基金组织. 货币与金融统计手册[M]. 北京:科学出版社,2000.

[4] 李扬. 中国国家资产负债表2013——理论、方法与风险评估[M]. 北京:中国社会科学出版社,2013.

[5] 联合国等. 国民账户体系(2008)[M]. 北京:中国统计出版社,2012.

[6] 马骏,张晓蓉,李治国等. 中国国家资产负债表研究[M]. 北京:社会科学文献出版社,2012.

[7] 许涤龙,周光洪. SNA 关于金融工具核算方法的修订[J]. 统计研究,2009(9).

[8] 易纲,宋旺. 中国金融资产结构演进:1991－2007[J]. 经济研究,2008(8).

[9] 约翰·赫尔. 期权、期货和其他衍生产品(第六版)[M]. 北京:人民邮电出版社,2009.

[10] 赵志君. 金融资产总量、结构与经济增长[J]. 管理世界,2000(3).

[11] 中国人民银行调查统计司.IMF对《货币与金融统计手册》修订动向及我国金融统计的对策思考.中国人民银行网站,2012.

作者简介:王震颖,女,毕业于上海财经大学,硕士研究生,现为上海市统计局社会和科技统计处处长。张志远,男,毕业于上海财经大学,硕士研究生,现为上海市统计局国民经济核算处主任科员,统计师。

第十篇 资产负债表中的股权核算问题研究

徐雄飞　李　伟

股权是指因出资而取得的、对清偿了债权人全部债权后的公司或准法人公司剩余价值的索取权。股权通常以股票、存托凭证、参股证或类似文件为凭证。股权核算是资产负债表金融资产和负债核算的重要项目。本文旨在梳理2008年SNA和国外对股权估值的核算方法,分析我国股权核算方法研究情况,就我国资产负债表中的股权核算方法提出改进建议。

一、2008年SNA中的股权核算方法

在资产负债表中,股权属于股权投资者的资产,同时是股权发行者(融资者)的负债。股权分为上市公司股权和非上市公司股权两种。上市公司股权是指在证券交易所或有组织的金融市场上有规则地交易的公司股票。非上市公司股权是指未在证券交易所上市的权益性证券,常见于直接投资企业、私人权益资本、合资企业和非法人企业等。

2008年SNA推荐,资产负债表中的资产和负债应当采用可观测的市场价格估价。如果资产能够在市场上正规、活跃、自由地交易,就以现期市场交易价格核算。如果资产近期内没有在市场交易,无法获得市场价格,就按照一个假定价格进行估算,即假定在资产负债表编表日在市场上获得该资产的可能价格。上市公司在证券交易所或有组织的金融市场中有规则地交易,可以直接按交易价格进行估价。非上市公司由于没有可观测的市场价格,股权

价值需要根据实际情况采用各种接近直接投资企业中股东权益市场价值的方法进行估算。2008年SNA给出了六种方法估算非上市股权价值。

（一）近期交易价格法

在过去年份里，非上市公司的股票可能发生过交易。若从交易日到估算日的企业经营状况没有重大变化，就可以按曾经交易的价格衡量当前市场价值。但随着时间和情况的变化，以前交易价格的代表性会越来越低。

（二）净资产价值法

未上市公司股权的现值可以用市场价值的总资产减去市场价值的总负债。其中，总资产包含会计核算中的无形资产，总负债不包括所有者权益。

（三）未来收益贴现法

未上市股权的现值可以通过预测未来收益，然后进行贴现来估算。此方法比较适合于那些资产负债表信息很少，但可以得到较多收益数据的企业。最简单的做法是采用近似的方法，即用市场或行业市盈率乘以未上市企业（经平滑）的近期收益估算。收益指标和市盈率最好剔除资产销售等一次性因素，以免这类因素扭曲核算结果。

（四）调整的企业账面价值法

对于非上市公司股权的价值，可以从企业收集到自有资金账面价值信息，获得企业以历史成本计值的资产（如土地、工厂、设备、存货），然后利用同一经济体内有类似业务的上市公司的市价总值与账面价值之比进行估算。

（五）自有资金账面价值法

采用直接投资企业账面记录的企业价值来估价权益，包括以下几项之和：①实收资本（不包括企业发行股票中自己持有的部分，但包括股票溢价款）；②企业资产负债表中被确认为股权的公积金（包括会计准则认定为公司公积金的投资补助）；③再投资收益；④账户自有资金中的持有损益，无论是重估价的收益还是损失。

（六）摊销全球价值法

如果全球企业集团为上市公司，可以根据其股票市场价格计算整个企业集团的当前市场价值，然后根据企业集团在各国分部的销售额、资产额或劳动力数量等指标在整个企业集团中的比重，将企业集团的全球价值分摊到企业集团在各国的直接投资企业。需要注意的是，选用不同的比重指标可能会得到明显不同的结果。

在对非上市公司股权进行核算时，选用上述六种方法中的哪一种方法，主要考虑基础信息的可获得性和估算结果的合理性。没有固定模式比较优劣，需要根据实际情况和结果的合理性进行选择。

二、国外股权核算方法

对于上市公司，因为有公开交易的价格，可以直接按资产负债表编制日的交易价格进行估价。对于非上市公司，在 2008 年 SNA 提出的非上市股权估价方法的框架下，各国根据本国的国情选择合适的核算方法。主要核算方法分为三大类：一是根据近期交易估值；二是根据公司会计数据估值；三是根据一个或一组相似公司的价值估值。

（一）根据近期交易估值

采用近期交易价格进行估价。这种方法在各国实践中不常见。

（二）根据公司会计数据估值

英国和加拿大采用基于公司会计数据的净资产价值法进行估算，即用市场价值的资产价值总额减去市场价值的负债（不包括所有者权益）。

（三）根据相似公司的价值估值

该方法具体包括市场价值与账面价值比率法（P/B）、自有资金账面价值法（OFBV）和摊销全球价值法三种方法。

1. 市场价值与账面价值比率法

以色列在非上市股权评估中采用企业市场价值与账面价值比率法进行估算。即企业价值等于企业账面价值乘以相似上市公司的市净率。计算公式如下：

企业价值 ＝ 账面价值 × 市净率

市净率 ＝ 上市公司的市场价值 / 上市公司的账面价值

账面价值 ＝ 股本（普通股和优先股）＋ 实缴资本盈余 ＋ 留存收益

2. 自有资金账面价值法

德国和荷兰等国采用自有资金账面价值法估算非上市公司价值。计算公式如下：

非上市公司价值 ＝ 相似上市公司的价值 × 未上市公司的自有资金 / 类似上市公司的自有资金

其中，自有资金的账面价值指企业净资产。自有资金与股价之比会因业务类型的不同而变化，并且上市公司和未上市公司之间还有其他差别，这都可能对估算方法产生影响。欧洲账户体系（ESA95）建议分不同业务类型来计算非上市股权。

3. 根据流动性和控制权的调整

与上市公司核算相比，非上市公司的核算需要根据流动性、控制权等因素进行调整，某些因素会对非上市股权的核算产生重大影响。联合国和欧洲央行对非上市公司价值的调整做了进一步说明：非上市股权的典型特征是比上市股票流动性低。较低的流动性通常会对公司股权有负面影响，即流动性折价。此外，非上市股权通常所有人很少，甚至只有一个，管理层拥有对公司的控制权，此时对股权权益的估价就要考虑控制权溢价。

三、我国股权核算方法研究情况

（一）政府部门的股权核算方法

早在20世纪90年代，国家统计局和中国人民银行就开始资产负债中的股权核算研究，但受基础资料来源的限制，核算范围和核算方法有一定的局限性。从核算范围看,国家统计局的股权核算范围主要是国有企业的股权,没有涵盖全部企业股权。中国人民银行在资金流量表中的股权核算范围主要是上市公司股权,没有涵盖全部企业股权。

(二)研究机构的股权核算方法

国内有三个研究团队编制了我国的资产负债表,分别是中国银行曹远征研究团队、德意志银行大中华区马骏研究团队和社科院研究团队。其中,社科院研究团队以主权风险为研究目的,没有按 SNA 的标准进行机构部门划分,资产与负债项目和 SNA 标准分类有较大差异。德意志银行研究团队和社科院研究团队股权核算的方法基本一致,即用企业资产总额乘以企业财务报表中的长期股权投资占资产总额的比重推算。中国银行研究团队主要用期初存量加本期流量推算期末存量,由于没有考虑上市公司股票的价格变化,推算结果与实际偏差较大。三个研究团队资产负债表中的股权核算仅记录在资产方,未在相应负债方反映出来。

(三)资产评估对公司股权的估值

目前,在我国资产评估实务中,对上市公司股权估值采用市场价格法,对非上市公司股权估值的方法主要有收益法、市场比较法和成本法三种方法。

1. 收益法

收益法是用资产预期产生的收益的现值评估资产的价值。收益法具体包括两种形式:未来收益贴现法和剩余收益法。

(1) 未来收益贴现法

简单地说,未来收益贴现法就是将企业未来的现金流量按一定的折现率计算出现值。这是股权价值评估最为基本的方法,其基本计算公式如下:

$$P = \sum_{t=1}^{n} \frac{CF_t}{(1+r)^t}$$

其中,P 是企业价值,CF_t 为 t 期的现金流量,r 是能够反映各期现金流量风险的折现率。

企业现金流(CF_t) = 总产出 — 运营成本 — 生产资本的使用成本

生产资产的使用成本 = 固定资本消耗(折旧)+ 生产资产的回报

（2）剩余收益法

企业的价值用无形资产的价值加营运资本和固定资产价值估算。其中，企业无形资产的价值用资本化的未来超额收益估计。这种方法通常在其他方法不可行时用于估计小企业的价值。

2. 市场比较法

市场比较法通过直接比较非上市公司和类似上市公司，来估计非上市公司股权的市场价值。比较因素包括行业类型、发展阶段、规模、经营形式和经营状况等。最常见的形式是可比上市公司法。可比上市公司法首先通过挑选与非上市公司同行业可比或可参照的上市公司，以同类公司的股价与财务数据为依据，计算出主要财务比率，然后用这些比率作为市场价格乘数来推断目标公司的价值，比如 P/E（市盈率，价格/利润）、P/S 法（价格/销售额）。P/E 法是比较常见的估值方法。市盈率有历史市盈率（trailing P/E）和预测市盈率（forward P/E）两种。历史市盈率等于当前市值除以公司上一个财务年度的利润（或前 12 个月的利润）。预测市盈率等于当前市值除以公司当前财务年度的利润（或未来 12 个月的利润）。现实中，大多情况是采用预测市盈率估值，公式为：

$$公司价值 = 预测市盈率 \times 公司未来12个月利润$$

对于有收入但是没有利润的公司，比如很多初创公司不能实现正的预测利润，那么 P/E 就没有意义，可以用 P/S 法来进行估值，方法跟 P/E 法类似。市场比较法的主要优点是其依赖的数据来自真实的市场交易，相比于其他方法在概念上更优，而且存在大量潜在的可比公司，可以获得许多定性的、财务的和交易的信息。使用该方法的主要挑战是找到可比公司。

3. 成本法

成本法的基本原理是：企业所有权的价值＝资产的公允价值－负债的公允价值。首先，分别对企业各项资产和各项负债进行公允估值。其次，用各项资产估值扣减各项负债估值，得到企业价值。其中，资产主要包括货币资金、应收票据、应收账款、预付账款、其他应收款、应收利息、存货、其他流动资产、长期股权投资、固定资产、在建工程、土地使用权、无形资产、其他非流动资产、递延所得税资产等。成本法较适用于资源类和金融类公司，以及只有极少无形价值或处于最初阶段的小型公司。

总之，应根据非上市公司的具体特点选择合适的估值方法。其中，公司经营的性质和所处的发展阶段是重要的考虑因素。在公司发展的最早期,收益法不是一个好方法,因为能否持续经营下去存在不确定性,未来现金流很难预测。当公司进入高速增长阶段时,就可以用收益法中的现金流法估值。对于稳定和成熟的公司则适合采用根据市场方法进行估值。

四、我国股权核算方法的改进建议

如前所述,现有我国股权核算存在核算范围不全、没有按 SNA 要求记录(既在机构部门资产方记录,又在机构部门负债方记录)等问题。建议我国股权核算应按 SNA 的要求,既核算上市公司股权,又核算非上市公司股权,并按 SNA 机构部门基本分类,在机构部门的资产方记录,同时在机构部门的负债方记录。

(一)上市公司股权核算

上市公司股权主要指在资本市场交易的公司股权。我国资本市场由场内市场和场外市场两部分构成。场内市场有主板、中小板、创业板(俗称"二板"),场外市场包括全国中小企业股份转让系统(俗称"新三板")、区域性股权交易市场(俗称"四板")。主板、中小板和创业板的上市公司在上交所和深交所交易,采用集合竞价和连续竞价的方式交易,场内市场的上市公司可以根据市场交易价格,按年末股票市值核算。场外市场与上交所和深交所不同,其中全国中小企业股份转让系统采用做市商交易和协议交易;区域性股权市场交易不活跃,交易价格属于议价市场,不是竞价市场,交易价格未经过充分博弈,波动非常大,因此中小企业股份转让系统和区域性股权交易市场的股票交易价格不能反映企业的估值,股权核算不应直接采用交易价格,应类似非上市公司股权进行核算。

对于场内市场的上市公司,可以利用中国证券登记结算有限公司资料,把投资者归并为非金融企业部门、金融机构部门、广义政府部门、住户部门和国外五个机构部门,把融资者归并为非金融企业部门、金融机构部门、国外三个机构部门。其中,投资者计入资产方,融资者(发行者)计入负债方。

(二) 非上市公司股权核算

非上市公司股权通常是指在私募发行、未上市的股权等，主要包括非上市公司的所有者权益和国外市场发行的存托凭证等。

如前文所述，对非上市公司股权进行估值的方法很多，相当复杂。考虑到我国非上市公司股权核算工作仍在起步阶段，从审慎性原则和基础资料的可获得性出发，近期交易价格法、未来收益贴现法等不太适合我国国情。建议采用估算成分相对少、对基础资料要求相对少、透明度高的自有资金账面价值法核算非上市公司股权。其中，自有资金账面价值等于实收资本、资本公积、盈余公积、未分配利润等会计项目之和，即企业所有者权益（净资产）。具体分机构部门核算如下。

1. 资产方

各机构部门持有的股权价值分别在各自的资产方记录。

国外非上市股权 = 国外持有的常住公司股权 — 国外持有的常住上市公司股权 = 国外来华直接股权投资 + 国外来华其他股权投资 — 国外持有的常住上市公司净资产

政府部门非上市股权 =（政府部门持有的非金融公司净资产 — 政府部门持有的非金融上市公司净资产）+（政府部门持有的金融公司净资产 — 政府部门持有的金融上市公司净资产）

金融机构部门非上市股权 = 金融部门持有的长期股权投资

住户部门非上市股权 = $\sum[i$ 行业资产总计 $\times(1-i$ 行业资产负债率$)\times$ 个人资本 / 实收资本$]$

国内合计非上市股权（资产方）= 国内合计非上市股权（负债方）

非金融企业部门非上市股权 = 国内合计非上市股权（资产方）— 国外非上市股权 — 政府部门非上市股权 — 金融部门非上市股权 — 住户部门非上市股权

2. 负债方

非金融企业部门和金融机构部门发行的股权价值分别记录在非金融企业部门和金融机构部门的负债方。

非金融企业部门非上市公司股权 $=\sum i$ 行业资产总计 $\times(1-i$ 行业资产负债率)—上市非金融公司净资产

金融机构部门非上市公司股权 $=\sum$ 金融公司资产总计 $\times(1-$ 金融行业资产负债率)—上市金融公司净资产

国内合计非上市股权(负债方) = 非金融企业部门非上市公司股 + 金融机构部门非上市公司股

参 考 文 献

[1] European Central Bank. Handbook on Quarterly Financial Accounts for the Euro Area: Sources and Methods.

[2] Eurostat. Manual on Sources and Methods for the Compilation of ESA 95 Financial Accounts. 2009.

[3] Jerald E. Pinto 等. 股权资产估值[M]. 北京:机械工业出版社,2012.

[4] United Nations. Financial Production, Flows and Stocks in the System of National Accounts. New York, 2017.

[5] 联合国等. 国民账户体系(2008)[M]. 北京:中国统计出版社,2012.

[6] 张丹. 股票市场流动性价值:理论与实证研究[D]. 上海交通大学,2010.

作者简介:徐雄飞,男,毕业于北京大学光华管理学院,硕士研究生,现为国家统计局国民经济核算司副司长。李伟,女,毕业于北京航空航天大学,博士研究生,为国家统计局统计科学研究所副研究员。

第十一篇 资产负债表中的保险和社保基金权益核算问题研究

郭凌寒 曾 佳

受经济结构转型升级和人口老龄化影响,我国保险和社保行业的财务风险管理和财务预警面临更大挑战。对资产负债表中保险和社保基金权益核算问题进行研究,有利于进一步了解保险和社保行业的资产、负债总量及其结构,为宏观决策提供重要参考。本文结合国际标准详细阐述了保险准备金和社保基金权益的概念、分类和统计范围,剖析了我国统计现状及存在的问题,通过重庆地区的样本数据对核算方法进行了研究,力图为改进我国保险和社保基金权益核算方法提供有价值的参考意见。

一、2008年SNA中的保险和社保基金权益核算

联合国等五大国际组织联合颁布的2008年SNA为分析、研究和决策提供了一套全面、一致和灵活的宏观经济账户统计框架,为资产负债表中保险和社保基金权益等金融工具的记录提供了基本规范。

(一)保险和社保基金权益的定义及分类

2008年SNA关于资产负债表中的保险和社保基金权益核算项目主要归纳为保险、年金、养老金以及标准化担保计划,都是金融机构进行财富调节或收入再分配的形式,适用的准备金主要有以下四种:非寿险专门准备金、寿险和年金权益、养老金权益、标准化担保下的代偿准备金。

非寿险专门准备金包括预付的用于非寿险未决索赔的保费和准备金净额。寿险和年金权益显示了投保人对提供寿险或年金的企业所拥有的金融债权。作为雇主与雇员所签的报酬协议的一部分,养老金权益反映了现有和未来的养老金领取者对其雇主指定的到期支付养老金的基金所拥有的金融债权。标准化担保下的代偿准备金包括预付的用于标准化担保未付代偿的费用和准备金净额。

(二)保险和社保基金权益的核算方法

2008年SNA对资产负债表中保险和社保基金权益的核算方法作了明确阐释。

记录在资产负债表中的非寿险专门准备金数额,是资产负债表编表当日未满期保费加上留出弥补未决赔款的数额。后者是处理索赔所预备支付的数额,包括有争议的索赔,以及意外索赔金额,它假定这些会发生,只是尚未报告。

在寿险和年金权益项下记录的存量价值与非寿险专门准备金相似,也表示有足够的准备金以弥补所有未来的索赔。对于寿险,准备金数额相当大,它代表了所有预期索赔的现期价值。

养老金计划下的权益包括两项:一是事先商定养老金数额(例如定额福利计划);二是将未来养老金缴款中获得金融资产(例如定额缴款计划)的投资收益作为养老金数额。对于前者,应采用养老金提供者负债的精算估计值;对于后者,其价值是代表未来收益人的养老金持有金融资产的市场价值。

进入资产负债表的作为标准化担保下的代偿准备金,应等于现有担保索赔的预期水平减去任何预期收回。

二、我国资产负债表中的保险和社保基金权益核算探索

(一)我国保险和社保基金权益的定义及分类

1. 保险准备金

保险准备金是保险人为保证其如约履行保险赔偿或给付义务,根据政府有关法律规定或业务特定需要,从保费收入或盈余中提取的与其所承担的保

险责任相对应的一定数量的基金。保险准备金主要包括未到期责任准备金、未决赔款准备金、寿险责任准备金和长期健康险责任准备金。

未到期责任准备金是保险人为尚未终止的非寿险保险责任提取的准备金。未决赔款准备金是保险人为非寿险保险事故已发生尚未结案的赔案提取的准备金。寿险责任准备金是保险人为尚未终止的人寿保险责任提取的准备金。长期健康险责任准备金是保险人为尚未终止的长期健康保险责任提取的准备金。

2. 社保基金权益

社保基金权益指社会保险基金的净权益，包括各种社保形式的累计结余。目前，我国的社会保险主要有以下几种形式。

一是城镇职工社会保险制度。这是以城镇职工为保障对象的社保体系，主要项目有养老社会保险、医疗社会保险、失业保险、工伤保险和生育保险。

二是城乡居民基本养老保险和城乡居民基本医疗保险。这是近年来新产生的两类社会保险制度，包括新型农村社会养老保险和新型农村合作医疗保险，以保障城乡居民的养老和医疗为目的，采取个人缴费、集体补助、政府补贴相结合的筹资模式，自愿参加。

三是企业年金、职业年金计划。企业年金为本企业职工提供一定程度的退休收入保障，是基本养老保险的重要补充。企业年金计划由专门的金融机构代为管理，采用企业和职工共同缴费的方式。职业年金的含义与企业年金类似，区别在于其对象为公职人员，是公职人员在基本养老保险之外的补充养老保险。

（二）我国保险和社保基金权益的发展状况及统计现状

1. 发展状况

改革开放以来我国保险行业迅速崛起，逐步成为国民经济发展最快的行业之一。保险市场体系日益成熟完善，业务结构出现积极变化；保险资金运用逐步实现多元化，资金运作效率不断提高；保险业国际化水平不断加强，对外开放成果显著。然而受自身发展水平限制和国内外各种客观因素影响，当前我国保险行业的利润来源仍主要依靠杠杆融资进行投资以获取投资利差，因此受宏观经济周期波动影响较大。经济下行造成市场投资收益出现下滑，而行业融资端负债成本相对稳定,导致行业整体利差收窄,对行业整体利润水平造成负面影响。此外,市场参与主体增多加剧行业竞争,监管政策趋严倒逼险企调整产品结构,以及准备金折现率下调侵蚀账面利润等因素使当前保险行业发展面临诸多挑战。

我国的社会保障体系建设工作坚持全覆盖、保基本、多层次、可持续的方针,以增强公平性、适应流动性、保证可持续性为重点,逐步建成覆盖城乡居民的社会保障体系。改革开放以来,各级社保部门认真贯彻党中央的重大决策部署,全面落实社会保障法律法规,立足基本国情,坚持以人为本,不断改革创新,完善体制机制,加大财政投入,社会保障制度体系建设取得历史性进展,对维护改革发展稳定大局发挥了重要作用。但由于我国是有着13亿多人口的发展中国家,生产力总体水平不高,城乡、地区之间发展不平衡,无论是制度完善还是待遇水平提高,都需要一个渐进的过程,提高城乡统筹水平还有大量的工作要做。

2. 统计现状

在我国,特别关注保险和社保资产负债核算的统计研究较少,有关社会养老保险财务报告和财务管理的理论研究与实践经验基本处于空白。近年来随着2008年SNA的研究在我国逐步深入,国家统计局和社会各界对国外公共保险系统的资产负债核算进行了深入剖析,并结合我国国情探究了广泛适用的保险和社保资产负债核算的原理和应用,为我国资产负债表的建立提供了有益建议。

现阶段保险行业主管机构是各级保险监督管理部门,核算保险准备金主要采用各保险公司财务报表数据,基础资料取自《保险公司资产负债表》;社保资金管理机构是各级人力社保部门,核算社保基金权益主要采用政府部门数据,基础资料取自《社会保险基金收支及累计结余》。

(三) 我国资产负债表中的保险和社保基金权益核算方法及存在的问题

1. 核算现状

对于各机构部门和经济总体的资产项下及负债项下的保险准备金和社保基金权益采用保险公司准备金和社保基金净权益相加核算。

保险准备金的估值采用精算估计值和市场价值等,现有的核算方法较为粗略,非金融企业部门和住户部门持有保险准备金资产,金融机构部门持有保险准备金负债,政府部门既不持有资产也不持有负债。其中,非金融企业部门未到期责任准备金(资产)和住户部门未到期责任准备金(资产),以及非金融企业部门未决赔款准备金(资产)和住户部门未决赔款准备金(资产)均来自相关总量的分劈。

社保基金权益的估值采用精算估计值和市场价值等,住户部门持有社保基金权益资产、政府部门持有社保基金权益负债,数据取自社会保险基金累计结余的合计数;其中,社会保险包括城镇职工和城乡居民基本养老、失业、城镇职工和城镇居民基本医疗、工伤、生育等五种基本保险。

2. 存在的问题

当前的保险准备金核算主要存在两个问题,一是金融机构、政府单位部门作为法人单位,也购买保险,包括职工人身险、固定资产或车辆财产险,所以金融部门、政府部门资产项下也应有记录。二是未到期责任、未决赔款、寿险责任、长期健康险责任等四项准备金分配到各机构部门间的比例需要探索研究。

社保基金权益核算也存在两个问题,一是需结合 2008 年 SNA 和我国国情,研究现有核算范围是否包含了所有社保形式。二是我国社保和保险行业同时涉及某些类似险种,应深入分析、厘清关系,做到不重不漏。

(四) 我国资产负债表中的保险和社保基金权益核算改进建议

针对保险和社保基金权益核算面临的问题,我们从地区情况入手,调研重庆保险和社保行业实际,收集地方具有代表性的大型保险公司数据,剖析地方社会保险形态,以期见微知著,为我国资产负债表中保险和社保基金权益核算提供有益的、可操作性的建议。

1. 基于重庆地区数据的核算方法研究思路

(1) 保险准备金

目前各项准备金如何在各机构部门间进行分配是亟待解决的问题。保险准备金核算方法研究的思路主要是通过收集重庆地区具有代表性的公司数据获得比例系数,推算各部门的比例结构。

① 未到期责任准备金和未决赔款准备金的核算方法研究

未到期责任准备金和未决赔款准备金应直接记录在金融机构部门的负债项下,此次研究主要分析记录在各机构部门资产项下的比例结构。

我们通过调研发现，保险公司关于未到期责任准备金和未决赔款准备金的记录并没有标注行业部门，所以直接将这两项准备金分劈到各机构部门不太可行。它们与保单和赔案有关，与保费收入相关，由于保险公司的每笔保单生成时大致记录了被保险人的行业部门类型，经研讨认定两项准备金可根据各机构部门的保费收入比例来分劈。

此次研究选取了具有代表性的保险公司数据，分析得到分行业部门保费收入占比如表11-1所示。

表 11-1　按行业分类的保费收入占比　　　　　　　　　（单位：%）

行业类型	2014 年	2015 年
A. 农、林、牧、渔业	0.8	0.9
B. 采矿业	0.8	0.5
C. 制造业	9.2	8.5
D. 电力、热力、燃气及水生产和供应业	1.0	0.6
E. 建筑业	1.9	2.3
F. 批发和零售业	0.1	0.5
G. 交通运输、仓储和邮政业	12.5	10.0
H. 住宿和餐饮业	0.1	0.1
I. 信息传输、软件和信息技术服务业	0.1	0.1
J. 金融业	4.0	10.3
K. 房地产业	0.4	0.4
L. 租赁和商务服务业	0.1	0.1
M. 科学研究和技术服务业	0.0	0.0
N. 水利、环境和公共设施管理业	0.2	0.2
O. 居民服务、修理和其他服务业	0.3	0.3
P. 教育	0.7	0.6
Q. 卫生和社会工作	0.4	0.5
R. 文化、体育和娱乐业	0.0	0.1
S. 公共管理、社会保障和社会组织	1.0	1.8
T. 国际组织	0.0	0.0
U. 其他	8.3	4.3
住户部门	58.2	58.3

由表 11-1 可核算出非金融企业、金融机构、政府和住户部门的保费收入。其他项主要是被保险人未填写且行业辨识度较低的情况，因金融机构、政府和个人投保时较为规范且辨识度较高，因此可考虑将其大部分纳入行业辨识

相对较难的非金融企业。由此推算出非金融企业、金融机构、政府、住户等四部门2014年保费收入的占比大致为35∶4∶1∶60,2015年的占比大致为28∶10∶2∶60。住户部门比重基本维持在六成,而受经济大环境与宏观政策等影响,非金融企业和金融机构部门比重有一定变化。上述推算比例可作为未到期责任准备金和未决赔款准备金记录在各机构部门资产项下的参考比例。

需要注意的是,此种方法推算的比例结构只能体现重庆地区的情况,全国和其他地区编制资产负债表时可采用同样方式加以分劈核算,以客观真实反映全国和各地区资产负债实际。

② 寿险责任准备金和长期健康险准备金的核算方法研究

寿险责任准备金和长期健康险准备金只面向个人,因此记录在住户部门的资产项下和金融机构部门的负债项下。

(2) 社保基金权益

社保基金权益核算方法研究的方向主要是依据其定义和范畴,完整地反映我国社保基金权益的资产负债情况。

① 社会保险的核算范围研究

通过研究《中华人民共和国社会保险法》,结合2008年SNA和我国国情、调研重庆地区情况,可以将我国的社保形式分为社会保险及补充社会保险两类,具体分类参见表11-2。

表11-2 社保形式分类情况

社会保险	基本养老保险	城镇职工基本养老保险
		城乡居民基本养老保险
		机关事业单位养老保险
	基本医疗保险	城镇职工基本医疗保险
		城乡居民基本医疗保险
	工伤保险	
	失业保险	
	生育保险	
补充社会保险	补充养老保险	企业年金
		职业年金
	补充医疗保险	大病医疗保险等

现行社会保险制度主要包括基本养老保险、基本医疗保险、工伤保险、失

业保险、生育保险等五部分。工伤、失业、生育三种保险结构比较单一,已全部纳入社保基金权益核算范围。而基本养老保险和基本医疗保险统计口径不完整。

基本养老保险,目前只包括城镇职工基本养老保险和城乡居民基本养老保险(即由原来的城镇居民社会养老保险和新型农村社会养老保险合并整合后的制度),而机关事业单位养老保险作为近期实施的机关事业单位养老保险改革后出现的新兴制度,未纳入核算。

基本医疗保险,目前只包括城镇职工基本医疗保险和城镇居民基本医疗保险,现阶段城乡居民基本医疗保险未全面纳入。

以上社保形式只面向住户部门,所以基金权益都只记录在住户部门的资产项下和政府部门的负债项下。

② 补充社会保险的核算分类归口研究

按照现行社会保险制度,补充社会保险主要包括补充养老保险和补充医疗保险两部分。

由于大病医疗保险现阶段主要面向城镇居民和农村居民,在城乡居民基本医疗保险中已予以体现,因此大病医疗保险其实已计入资产负债核算。

年金制度是我国近期实施养老保险改革后出现的新兴制度,是对基本养老保险制度的补充。由于企业年金和职业年金于近年才开设,现阶段的管理部门还未完全明确,具体的数据归口还需国家政策落实后认定。

2. 关于我国保险和社保基金权益核算改革的几点建议

(1) 深入研究我国保险和社保现状,及时调整核算方法

目前对于保险准备金的估值主要采用精算估计值和市场价值等,核算方法较为可行。本研究重点对准备金记录在各机构部门资产项的结构进行了分析,鉴于采用的样本数据不甚全面,所以需要深入调研各地实际情况加以合理分劈。建议包括:一是从基础资料入手,完善保险准备金记录的行业标识,以直接计算准备金的机构部门比例,得到更为准确的数据;二是采用保费等抽样调查资料分劈机构部门比例时,应贴合国家层面或各地区实际,国家和地区编表时可考虑使用全国和地区实际比例。

对于社保制度,目前我国正处于社会保险制度变化较快的阶段。行政事业单位正在推进养老和医疗保险制度改革,由离退休养老和公费医疗逐步转

向城镇职工社会保险。城乡养老、城乡医疗都是近年出现的新事物,仍处于不断改革和完善的过程中。年金制度出现的时间也不长,但近年来发展较快,成为基本社会保险制度的重要补充。此次重点对社保形式的核算范围进行了研究,较为完整地阐述了应包含的统计口径,但仍需紧跟社保改革情况、不断完善社保统计的核算范围。

(2) 注意与其他统计标准的协调和衔接

在我国国民经济核算体系的改革中,需要注意与其他国际统计标准的协调和衔接。对于保险和社保行业:一是要注意与2008年SNA等国际统计标准的衔接,提高数据的国际可比性;二是要注意与国家统计局内部各项统计标准的衔接,如行业分类标准、产品分类标准等;三是要注意与其他部委相关统计标准的衔接,如保险行业统计制度、社会保险统计制度等。

(3) 吸纳多方面参与研究,保证广泛的参与性和充分的透明度

保险和社保行业的专业技术性较强,应联合人力社保部门、保险监管部门、大型保险公司以及相关研究机构等,充分吸纳国内各界国民经济核算专家和学者的参与,就修订的各方面问题展开充分讨论,最大程度保证修订过程的科学性和可操作性。

(4) 应结合我国国情反映经济发展实际

2008年SNA是一个国际通行的标准,对资产负债表中的非寿险专门准备金、寿险和年金权益、养老金权益等界定了范围,规范了核算方法,但客观来说它还是更多地反映了西方发达国家的情况,对于中国等发展中国家的一些特殊国情没有予以太多考虑。2008年SNA具有一定的灵活性,允许各国根据自己的实际情况来决定如何采用相关标准。目前很少有国家全盘照搬SNA,即使像美国、加拿大、澳大利亚等这些国民经济核算开展较好的发达国家,其国民经济核算体系与SNA之间也存在不同程度的差异。我国在参照2008年SNA对中国国民经济核算体系进行改革的过程中,特别是进行保险和社保行业的资产负债核算时,应将SNA的原则性规定与我国的具体国情结合起来综合考虑,找出适合我国的处理方法,以期客观真实地反映中国经济发展实际。

参 考 文 献

[1] SNA 的修订与中国国民经济核算体系改革课题组. SNA 关于社会保险核算的处理及中国有关核算的改革研究[J]. 统计研究,2013(4).

[2] SNA 的修订与中国国民经济核算体系改革课题组. SNA 的修订及对中国国民经济核算体系改革的启示[J]. 统计研究,2012(6).

[3] SNA 的修订与中国国民经济核算体系改革课题组. SNA 的修订与中国国民经济核算体系改革[J]. 统计研究,2013(12).

[4] 联合国等. 国民账户体系(2008)[M]. 北京:中国统计出版社,2012.

[5] 中华人民共和国社会保险法.

[6] 重庆人寿保险、人保财险等大型保险公司提供的相关数据及文字资料.

[7] 重庆市人力社保局和市保监局提供的相关数据及文字资料.

作者简介:郭凌寒,男,毕业于重庆大学,硕士研究生,现为重庆市统计局国民经济核算处主任科员,统计师。曾佳,女,毕业于重庆大学,硕士研究生,现为重庆市统计局核算处处长,统计师。

第十二篇　主要国家资产负债表的编制情况及对中国的启示

刘　冰　杨家亮　吕　璐

本课题组考察了全球42个经济体（33个发达经济体及包括金砖国家在内的9个新兴经济体）编制资产负债表的情况，系统搜集了编制国家及分部门资产负债表经济体的有关资料，重点研究有代表性经济体资产负债表的编制与数据发布现状、面临的主要问题，以及对我国的启示，以期对我国编制国家资产负债表提供有益的经验。

一、编制资产负债表的必要性

2008年国际金融危机的爆发，凸显出编制并及时公布一套整合①的资产负债表和积累账户的重要性，特别是其对于防控经济风险的重要作用。此次金融危机表明，资产负债表和积累账户等关键领域的数据缺失和相关数据质量存在的问题给官方衡量并理解迅速发展的全球经济一体化和金融市场给全球经济所带来的风险造成了很大困难。有效监测国际金融风险，对统计数据的及时性、一致性、可比性和可获得性提出了更高的要求，并要求统计工作扩展到一些过去尚未覆盖的领域，或者要求大力加强一些过去相对薄弱领域的统计工作。

---

①　即将金融公司、非金融公司、一般政府、住户、为住户服务的非营利机构和国外的资产负债表整合在一张表上，国内习惯称资产负债综合表。

资产负债表以一个经济体的经济资产存量为对象进行核算,通过记录资产与负债的总规模及结构、净资产指标,反映一个经济体的经济实力、发展水平和生产能力。只有将资产负债核算纳入国民经济核算体系,并与其他流量核算相结合,才能全面系统地描述国民经济发展水平和运行状况。具体讲,编制国家和地区资产负债表,主要有以下几方面的作用和意义:一是摸清家底,真实反映国家财富状况,看到整个国家经济的全景,提高"国家财富"管理的透明度;二是有利于加强对国有资产的管理,通过对政府部门资产负债表进行分析观察,使政府支配的资源和承担的负债阳光化、透明化,通过对国有资产负债(包括政府的显性和隐性债务)进行持续的反映和监督,有利于规范和约束政府行为,促进国有资产保值增值;三是有利于推动经济体制改革,通过反映政府、企业、居民之间财富的分配情况,为深化改革和顶层设计提供可靠的依据。

二、国际上资产负债表和积累账户的编制与数据发布现状

2008年国际金融危机的爆发,凸显出编制并及时公布一套整合的资产负债表和积累账户的重要性,特别是其对于防控经济风险的重要作用。为此,国际统计界围绕加强和改善资产负债核算做了大量工作,并取得了一些积极进展。目前,世界主要经济体,尤其是二十国集团(G20)中的发达经济体大多编制并发布部门资产负债表,且一些发达经济体还是按季度编制并发布的。

(一)国际统计界围绕加强和改善资产负债核算所做的工作

国际统计界围绕加强和改善资产负债核算所做的工作体现在G20应对数据缺口建议的提出、标准制定和落实上。

1. 数据缺口建议的提出以及相关机构的成立

早在金融危机爆发后的2009年3月,G20财长及央行行长会议就要求IMF及金融稳定委员会(FSB)对于经济和金融统计数据集进行再评估,这一请求在当年4月得到G20财长及央行行长会议与IMF和FSB的批准。IMF和FSB则于2009年年中研究提出G20数据缺口倡议(DGI),并于11月得到G20财长和央行行长会议批准。由于20条建议涉及多个统计领域,因此

IMF 特别组织了关于经济和金融统计工作的跨部门工作组（IAG）专门负责协调此项工作。IAG 由 IMF 牵头，成员单位还包括国际清算银行（BIS）、欧盟统计局（EUROSTAT）、经合组织（OECD）、世界银行（WB）和联合国统计司（UNSD），金融稳定委员会则在具体实施工作中提出咨询意见。

G20 数据缺口倡议第 15 条建议要求各经济体编制覆盖全部机构部门的资产负债表。该建议明确指出：包括所有参与国际国民经济核算工作组机构在内的 IAG 要制定一项推动编制和发布资产负债核算、资金流量核算和按机构部门分类数据的策略，率先从 G20 成员开始实施。关于非银行金融部门的数据应作为特别优先的领域。应吸收欧洲央行、欧盟统计局和 OECD 的相关经验。在中期内，应考虑在公布数据的特殊标准（SDDS）中增加更多的部门资产负债核算数据。此建议所涉及工作的牵头单位为 IMF。

2. 已开展的具体工作

一是 IMF 协调其他国际组织，不断研究完善资产负债编制方法，推出 BSA 法（Balance Sheet Approach），重点关注因主要金融部门的期限错配、币种错配和资本错配而产生的风险，将金融账户与实体经济联系起来，对各经济体经济进行预警。二是自 2009 年起，IMF 先后发布了 6 篇关于"G20 填补数据缺口倡议"实施情况的报告，对 G20 经济体部门资产负债表编制等情况做出总结，并对其效果进行评估。目前，所有 G20 经济体均已开展或计划开展部门资产负债表的编制工作，但有些经济体尚未公布数据。三是 OECD 于 2011 年推出了统一的部门资产负债表模板，2012 年向其各成员国下发并敦促实施。同年，IMF 推荐各经济体使用 OECD 的模板，并将此模板上传到其网站。该模板的主要内容包括：①机构部门的基本分类；②对经常账户和资本账户中的交易进行细分；③对金融工具进行分类；④对非金融资产进行分类；⑤数据发布频率为季度；⑥鼓励以"从谁到谁"的方法编制金融流量和头寸数据。IAG 对此模板有最终修改权。四是 OECD 和 IMF 合作，举行多次研讨会和培训班，对部门资产负债表的核算标准进行深入探讨。

3. 计划开展的工作

近期工作计划：首先从 G20 成员经济体开始，一是敦促主要经济体在金融资产和负债、非金融资产、金融工具以及机构部门分类上采用联合国 2008 年 SNA 中的分类标准。二是要求各经济体向 IMF 提供本经济体关于非金融资产存量、交易和其他流量,以及金融资产和负债的存量、交易和其他流量的有关信息。三是参照欧洲中央银行、欧盟统计局以及 OECD 的经验,推动各经济体资产负债表、资金流量数据的编制和公布,其中应特别重视非银行金融机构的数据编制。四是完善非金融资产的估价方法。针对目前非生产非金融资产的估价方法不完善的问题,IMF 和 OECD 已经牵头组织发达经济体召开多次会议进行研究。

中长期工作计划:一是将更多的部门资产负债表和积累账户数据纳入 SDDS 中。二是推动主要经济体按"从谁到谁"方法编制头寸和资金流量数据,显示金融部门与经济体内其他部门及国外的互动,这种方法可以有效发现部门间资产负债表的内在联系,以考察危机在不同部门乃至国家之间的传导途径。三是切实提高各经济体资产负债表和积累账户的国际可比性。四是尽量扩大资产负债项目覆盖的范围,如加强资产类型和金融工具细分类数据的统计,为经济分析提供更加全面、翔实的数据。

(二) 主要经济体资产负债表和积累账户编制与数据发布基本情况

我们有针对性地选择了 42 个有代表性的经济体(见附录 12-1),通过分析比较,可以看出主要发达经济体,特别是 G20 中的发达经济体大多已进行了资产负债核算,但多数经济体的编制工作距目标模式还有明显差距;新兴经济体不仅与目标模式存在很大差距,也与发达经济体存在较大差距。

从总体看,在我们所研究的 42 个经济体中,目前有 33 个经济体编制并公布全部或部分部门资产负债表和积累账户,占比达 79%。在这 33 个经济体中,澳大利亚等 19 个经济体同时进行金融资产与负债核算以及非金融资产核算,占比为 58%;奥地利等 11 个经济体仅进行金融资产与负债核算,占比为 33%;阿根廷、印度和南非等 3 个经济体仅开展了非金融资产核算,占比为 9%。

在 33 个开展金融资产与负债或非金融资产核算的经济体中,只有法国和捷克 2 个发达经济体编制和发布将金融资产和非金融资产全部纳入的、包含全部机构部门和全部金融工具在内的一整套、整合的资产负债表和积累账户。其中,法国按季度编制和发布,捷克则按年度编制和发布;其他 31 个经济体则根据自身情况,重点编制和发布了一些包括特定机构部门或资产类型的资产负债表,各经济体完备程度存在较大差别。

在这 33 个经济体中,绝大多数经济体未编制积累账户,仅法国、澳大利亚、日本、美国、捷克和丹麦等 6 个发达经济体编制并公布关于金融资产、非金融资产和负债的积累账户。其中,只有法国编制并发布了按全部机构部门和金融工具分类的积累账户,其他 5 个经济体则仅编制并发布部分机构部门或部分金融工具的数据。

此外,这 33 个经济体公布数据的时间普遍不及时,且发布的资产负债表和积累账户的数据在不同经济体之间,以及在本经济体的不同时期可比性较差。

发达经济体,尤其是 G20 中的发达经济体大多编制并发布部门资产负债表,且一些发达经济体还是按季度编制并发布的。在 33 个发达经济体中,除中国香港、马耳他、新西兰、新加坡和中国台湾外的其他 28 个发达经济体编制并公布全部或部分部门资产负债表和积累账户,占本报告所研究发达经济体总数的 85%。其中,澳大利亚等 9 个 G20 发达经济体,以及 10 个非 G20 发达经济体同时开展金融资产和负债核算以及非金融资产核算,占所观察发达经济体总数的 58%;9 个非 G20 发达经济体仅开展了金融资产与负债核算,占比为 27%;在 9 个新兴经济体中,没有一个经济体同时进行金融资产与负债以及非金融资产核算。其中,仅巴西和墨西哥开展金融资产与负债核算,占所观察新兴经济体总数的 22%;仅阿根廷、印度和南非等 3 个经济体开展非金融资产核算,占比为 33%。

(三) 金融资产与负债和积累账户

在上述 33 个编制并发布资产负债表和积累账户的经济体中,有 30 个经济体基本遵循联合国《国民账户体系》的机构部门分类标准和金融工具的划分标准,按季度或年度进行金融资产与负债核算,同时发布按机构部门划分的资产负债表和积累账户(见附录 12-2)。这 30 个经济体分别是澳大利亚等 28 个发达经济体,以及巴西和墨西哥等 2 个新兴经济体。

1. 金融资产与负债核算

在涉及的机构部门和金融工具方面,在 28 个发达经济体中,除冰岛、卢森堡和挪威外,其他 25 个发达经济体和 2 个新兴经济体均核算包含全部机构部门和全部金融工具在内的金融资产与负债,绝大多数经济体将为住户服务的非营利机构与住户未加区分地归为一类机构部门;冰岛和卢森堡只提供部分金融工具的数据,不编制部门数据;挪威提供六大机构部门数据,但只覆盖有限的金融工具。此外,大部分经济体按"从谁到谁"的方式编制数据。在新兴经济体中,仅巴西和墨西哥分别在 IMF 和 OECD 的帮助下完成机构部门金融资产与负债核算工作。

在频率方面,澳大利亚等 17 个发达经济体按季度编制并发布包含全部机构部门、全部金融工具在内的金融资产和负债;韩国按年度编制和发布包含全部机构部门和全部金融工具的金融资产和负债,按季度编制和发布仅包含非金融公司、一般政府和住户 3 个机构部门的数据;塞浦路斯、捷克、希腊、爱尔兰、以色列、荷兰和瑞士等 7 个发达经济体,以及巴西和墨西哥 2 个新兴经济体按年度编制和发布包含全部机构部门、全部金融工具在内的金融资产和负债;冰岛和卢森堡分别按季度和年度编制并发布仅包含部分金融工具在内的金融资产和负债;挪威则按年度编制并发布包含全部机构部门和部分金融工具在内的金融资产和负债数据。

2. 对机构部门的细分

上述 30 个经济体的分部门金融资产与负债核算,普遍缺乏对机构部门的进一步细分。绝大多数经济体仅对一个或少数几个部门进行一定程度的细分,即多为对金融公司和一般政府这两个部门进行细分。除挪威等个别经济体外,其他经济体基本上没有对非金融公司部门作进一步的细分。

大多数经济体通常将金融公司进一步细分为中央银行、其他存款性公司、保险公司和养老基金以外的其他金融中介机构、金融辅助机构(仅少数经济体有此分类)、保险公司和养老基金等五个子部门;一般政府通常进一步细分为中央政府、地方政府和社会保障基金等三个子部门。需要特别指出的是,各经济体均根据自身情况和需要对机构部门作进一步细分,且发布数据时没有公布标准的部门细分方法,各经济体的细分程度差别较大。因此,不同经济体之间的子部门数据没有可比性。例如,塞浦路斯、捷克、冰岛、爱尔兰、以色列、卢森堡及荷兰等发达经济体将一般政府细分为中央政府、地方政府和社会保障基金三个子部门,而挪威等经济体则将一般政府细分为中央政府、文职中央政府、国防和地方政府四个子部门。

3. 对金融工具的细分

30个编制资产负债表的经济体均对金融工具作了第一层的细分。例如，绝大部分发达经济体将保险、养老金和标准化担保计划进一步细分为住户在寿险准备金中的权益净额、住户在养老基金准备金中的权益净额、预付保费和未决赔付准备金等；将应收/应付账款进一步细分为商业信用和预付款以及其他；将权益和投资基金份额进一步细分为有报价、无报价、其他份额以及单独的投资基金份额等。不过这些经济体对金融工具第一层的细分标准不一致，因此总体上不具可比性。此外，绝大多数经济体没有对金融工具进行第二层和第三层的进一步细分，例如，仅澳大利亚、加拿大、法国、日本和美国将抵押贷款做进一步的细分。

4. 积累账户

在上述30个进行金融资产和负债核算的经济体中，目前只有法国、美国、澳大利亚、捷克、日本和丹麦等6个发达经济体编制并公布全部或部分积累账户的数据。其中，法国、捷克和丹麦可按主要机构部门和金融工具进行分类；美国只提供其他物量变化和重估价这两个账户的部分信息；日本仅对部分金融工具进行细分；澳大利亚编制了其他物量变化和重估价两个账户，但没有对外公布。而其他24个发达经济体和巴西、墨西哥2个新兴经济体均未编制积累账户。

（四）非金融资产

在33个编制并发布全部或部分资产负债表和积累账户的经济体中，有22个经济体进行分部门非金融资产核算（见附录12-3），但不同经济体的完备程度存在较大差别。一是大部分经济体的非金融资产核算仅涵盖联合国国民账户体系的主要机构部门；二是只有法国、捷克和芬兰等3个发达经济体的非金融资产核算包含所有主要的资产类型，其他经济体仅覆盖部分非金融资产；三是绝大多数经济体使用永续盘存法对生产资产进行估价；四是从资产种类来讲，大部分经济体的生产资产核算较为完整，比较欠缺的是非生产性非金融资产，其中最突出的当属土地以及矿产和能源等。

1. 分部门非金融资产的编制与发布

22个编制并发布了分部门的非金融资产的经济体分别是澳大利亚等19

个发达经济体以及阿根廷、印度和南非等3个新兴经济体。

从涉及的机构部门看,在19个开展非金融资产核算的发达经济体中,澳大利亚等14个经济体编制并发布涵盖全部机构部门的非金融资产;意大利、冰岛、挪威、斯洛伐克和瑞士等5个经济体则仅编制和发布个别机构部门的非金融资产。在3个编制非金融资产的新兴经济体中,阿根廷仅编制政府部门的非金融资产;印度和南非则仅编制住户部门的非金融资产。

从涉及的资产类型看,在这22个经济体中,只有法国、捷克和芬兰等3个发达经济体编制的数据包含主要资产类型,而其他16个发达经济体编制和发布的数据大多仅限于固定资产,普遍缺乏关于非生产资产、贵重物品和库存的相关数据。澳大利亚、加拿大、德国、日本、英国、美国、丹麦、以色列、卢森堡、挪威和斯洛伐克等11个发达经济体和阿根廷1个新兴经济体可为住宅提供单独的数据;澳大利亚、加拿大、日本和美国等4个发达经济体可提供关于自然资源的单独数据;阿根廷、印度和南非等3个新兴经济体仅编制并提供关于固定资产和库存的数据。

在频率方面,除澳大利亚、芬兰、加拿大和美国等4个发达经济体按季度编制并发布外,其他15个发达经济体和3个新兴经济体均按年度编制和发布数据。

2. 对机构部门的细分

除加拿大和捷克外,其他经济体普遍缺乏对于主要机构部门的进一步细分。加拿大和捷克发布的数据包含以下子部门的信息:一般政府部门项下的中央政府、地方政府和社会保障基金;金融公司项下的中央银行、其他存款性公司、保险公司和养老基金以外的其他金融中介机构和金融辅助机构;非金融公司项下的国有公司、国内私人公司和外国控制的公司以及住户和为住户服务的非营利机构(单独列示住户及为住户服务的非营利机构)。其他20个发达经济体和阿根廷1个新兴经济体在发布数据时仅包含部分细分数据。例如,美国和以色列公布的数据仅包含非金融公司和一般政府部门的一些子部门的数据。

3. 对资产的细分

只有捷克将库存细分为材料和用品、在制品、制成品和供转售货物,其他经济体均没有进一步的细分。

4. 积累账户

在22个进行非金融资产核算的经济体中,仅法国、日本、美国、捷克、丹麦和澳大利亚等6个发达经济体编制并发布关于非金融资产的积累账户的全部或部分数据,其他发达经济体及所有新兴经济体均未编制和公布非金融资产积累账户信息。6个发达经济体中,只有法国和捷克2个发达经济体遵循联合国国民账户体系标准,按主要机构部门和主要资产类型分类编制并提供了该账户的数据;澳大利亚、日本和美国按照国民账户体系的一些主要资产类型提供相关数据,其中,美国还对非金融公司进行了细分,澳大利亚和日本则没有子部门的细分数据;丹麦对于固定资产合计和住宅提供关于名义与实际持有收益及亏损以及其他物量变化的部门数据。

三、主要国家资产负债表的编制中面临的主要问题

综上所述,除法国和捷克外,其他31个经济体所编制及公布的部门资产负债表和积累账户的完整性及可比性均未达到令人满意的程度。国际社会和相关经济体资产负债核算的主要问题突出表现在以下几方面。

第一,相关国际标准、规范还处于不断完善中。联合国统计委员会仅于1997年在1968年《国民账户体系》框架的基础上,推出了《关于国民账户体系中国家和部门资产负债表及积累账户的国际指南》作为资产负债核算的指南。而随着联合国1993年和2008年《国民账户体系》的陆续推出,尚未有一个国际组织根据最新的《国民账户体系》推出新的资产负债核算指南。此外,联合国2008年《国民账户体系》及欧盟2010年《欧洲账户体系》仅分别在第十三章和第七章中涉及资产负债表的编制,但篇幅很短,且若干关键点和难点没有得到合理解决。例如,如何对非生产性非金融资产,特别是土地、矿产和能源进行估价等。

第二,因各经济体的指导思想不同,绝大多数经济体至今仍未编制并公布一整套整合的、分机构部门的资产负债表和积累账户。大多数经济体认为,出于评估一个经济体是否容易受到内外冲击以及政策制定的需要,编制资产负债表的某些组成部分便能充分满足需要,不必编制一整套整合的资产负债表和积累账户。因此,这些经济体根据自身发展的优先事项,侧重在自

已认为重要的机构部门和资产负债领域开展资产负债表编制工作,尚未开发一整套资产负债表和积累账户。

第三,因分类特别是细分类不同,各经济体编制及公布的资产负债表和积累账户基本不具可比性。上述33个经济体编制并发布的资产负债表和积累账户的数据在不同经济体之间,甚至在本经济体的不同时期可比性均较差。主要原因是分类,特别是细分类不同,即在国家层面的数据列示上,除了联合国《国民账户体系》中规定的主要类别,各经济体对于资产类型、机构部门和金融工具等方面的分类存在较大的差别,资产负债覆盖范围也不尽相同,这使得不同经济体的资产负债表的可比性受到限制,相关数据基本不具可比性。

第四,因数据源有限、估价困难等诸多原因,非金融资产的核算更为困难。在我们所研究的42个经济体中,有30个经济体开展了金融资产与负债核算,22个经济体开展了非金融资产核算。相比之下,非金融资产特别是非生产性非金融资产的核算更为困难,各经济体相关核算的完备程度也更差。

第五,数据可访问性远未达到令人满意的程度。到目前为止,无论在本经济体的官方统计网站,还是主要国际组织网站,关于资产负债表及积累账户,既没有完全统一且实际应用的数据公布格式,也没有一个集中展示所有相关数据的单一数据库,用户无法方便地获取相关数据。例如,各经济体资产负债表及积累账户的官方编制机构在各自网站上仅提供分散的数据和元数据,用户无法通过单一访问点获得全套账户信息。

第六,新兴经济体明显落后于发达经济体。在所观察的经济体中,分别有85%的发达经济体和56%的新兴经济体编制并发布资产负债表和积累账户。在5个新兴经济体中,墨西哥和巴西的编制工作很大程度上依赖OECD或IMF的帮助,而且这5个新兴经济体编制的资产负债表在数据完整性、发布频率和及时性上与发达经济体有明显差距。在资产负债表和积累账户核算方面,发达经济体已有很多成熟技术和先进经验。发达经济体对资产负债表编制的研究始于20世纪30年代;20世纪60年代,法国、美国就有对于国家资产负债表比较成熟的研究;1970年至1980年,法国、英国、美国、加拿大、澳大利亚等国就开始编制本国的国家资产负债表。而对于大多数新兴经济体来说,编制资产负债表的工作起步较晚,在数据基础、业务积累、知识储备诸多方面都与发达经济体有着很大的差距。

四、主要国家资产负债表的编制对我国的启示

第一,充分认识到编制并及时公布一套整合的资产负债表和积累账户的重要性,特别是对于防控经济金融风险的重要作用。长期以来,在各经济体的官方统计中,对国民财富测量的重视程度一直不如对经济增长、物价变化和就业率的测算,而国际金融危机和欧债危机的爆发,凸显了宏观资产负债表揭示主权债务和经济主体部门风险的重要性。危机过后,世界大多数经济体虽然编制并发布了部门资产负债表,但时至今日,仅有法国等个别经济体编制并公布了一套整合的、分机构部门的资产负债表和积累账户。对经济总体而言,其结果难以全面反映国民财富,即难以全面反映所拥有财富的历史积累和与之相对应的债权债务关系,进而难以及早识别和揭示风险。

第二,按照国际通行标准并兼顾我国国情编制并及时发布资产负债表数据。编制资产负债表,首先应遵从现有的 2008 年 SNA 理论框架,即编制实践中,资产负债表的编制原则、核算范围、资产分类等均应与国际标准 2008 年 SNA 基本保持一致,特别是应参照 IMF 推出 BSA 法,以及 OECD 推出的部门资产负债表模板。与此同时,也应兼顾我国国民经济核算原则。

第三,国家统计局牵头,相关部委配合对于资产负债表的编制工作极为重要。国际实践证明,无论是发达国家,还是发展中国家,国家统计机构牵头资产负债表编制工作,对于非金融资产核算,特别是编制一套整合的资产负债表和积累账户都具有优势。

第四,编制资产负债表应本着循序渐进的原则。如上所述,国际上仅法国、捷克编制并公布了一套整合的资产负债表和积累账户。不过,因估价方法、资料来源等难题,这两个国家的做法是:首先编制金融资产和负债表,其次编制非金融资产表,最后编制一套整合的资产负债表和积累账户;首先核算年度数据,其次核算季度数据;首先试验性编制,其次正式编制。

附录 12-1　研究对象的选择

本报告研究对象不包括两类经济体：一是可能编制了部门资产负债表，但未在其官方机构（国家统计局、中央银行和财政部）网站或其他渠道（如主要国际组织）公开发布资产负债表数据的经济体；二是未遵循国民账户体系（SNA）的基本标准和原则编制资产负债表的经济体，例如有些经济体可能拥有关于资产和负债的数据，但未使用这些数据按国民账户体系的基本标准编制资产负债表。

我们在此基础上有针对性地选取了 42 个经济体作为研究对象，包括 33 个发达经济体和 9 个新兴经济体。这些经济体包括：一是 G20 中除中国及欧盟以外的全部 18 个主权经济体，包括 9 个发达经济体和 9 个新兴经济体；二是 24 个非 G20 发达经济体，包括作为重要国际金融中心的其他经济体（如中国香港、新加坡、瑞士），欧盟其他非 G20 成员（奥地利、比利时、捷克、塞浦路斯、丹麦、芬兰和希腊等），以及其他经济体（如挪威、冰岛、以色列、新西兰和中国台湾地区等）。这 42 个经济体 GDP 总量占全球的 75.3%，人口总数占全球的 44.9%，在不包括中国的全球总计中的占比分别达 85.8% 和 55.5%，其对于全球经济体，特别是发达经济体具有很强的代表性。

附录 12-2 42个经济体金融资产和负债数据的可获得性

经济体	资产负债表					交易					
	整个经济体	SNA主要机构部门	SNA主要工具	频率	额外的部门(S)或工具(I)细分	整个经济体	SNA主要机构部门	SNA主要工具	频率	其他物量变化,部门(S)工具(I)	重估价,部门(S)工具(I)
发达经济体											
澳大利亚	是	所有部门	所有工具	季度	一些(S)及一些(I)	是	所有部门	所有工具	季度	按(S)及(I)	按(S)及(I)
加拿大	是	所有部门	所有工具	季度	一些(S)或一些(I)	是	所有部门	所有工具	季度	否	否
法国	是	所有部门	所有工具	季度	一些(I)	是	所有部门	所有工具	季度	按(S)及(I)	按(S)及(I)
德国	是	所有部门	所有工具	季度	一些(S)及一些(I)	是	所有部门	所有工具	季度	否	否
意大利	是	所有部门	所有工具	季度	一些(S)及一些(I)	是	所有部门	所有工具	季度	按(I)	按(I)
日本	是	所有部门	所有工具	年度(部分季度)	一些(S)	是	所有部门	所有工具	年度(部分季度)	否	否
韩国	是	所有部门	所有工具	季度	大多数(I)	是	所有部门	所有工具	季度	否	否
英国	是	所有部门	所有工具	季度	一些(I)	是	所有部门	所有工具	季度	否	否
美国	是	所有部门	所有工具	季度		是	所有部门	所有工具	季度	按(S)	按(S)

(续表)

经济体	资产负债表					交易				其他物量变化(S),部门(I)工具	重估价,部门(S)工具(I)
	整个经济体	SNA主要机构部门	SNA主要工具	频率	额外的部门(S)或工具(I)细分	整个经济体	SNA主要机构部门	SNA主要工具	频率		
奥地利	是	所有部门	所有工具	季度	一些(S)及一些(I)	是	所有部门	所有工具	季度	否	否
比利时	是	所有部门	所有工具	季度	一些(S)及一些(I)	是	所有部门	所有工具	季度	否	否
塞浦路斯	是	所有部门	所有工具	年度	一些(S)及一些(I)	是	所有部门	所有工具	年度	否	否
捷克	是	所有部门	所有工具	年度	一些(S)及一些(I)	是	所有部门	所有工具	年度	按(S)及(I)	按(S)及(I)
丹麦	是	所有部门	所有工具	季度	一些(S)及一些(I)	是	所有部门	所有工具	季度	按(S)及(I)	按(S)及(I)
芬兰	是	所有部门	所有工具	季度	一些(S)及一些(I)	是	所有部门	所有工具	季度	否	否
希腊	是	所有部门	所有工具	年度	一些(S)及一些(I)	是	所有部门	所有工具	年度	否	否
中国香港	否	否	否	否	否	否	否	否	否	否	否
冰岛	否	否	部分	季度	一些(I)	是	否	部分	季度	否	否
爱尔兰	是	所有部门	所有工具	年度	一些(S)及一些(I)	是	所有部门	所有工具	年度	否	否
以色列	是	所有部门	所有工具	年度	一些(S)及一些(I)	否	否	否	否	否	否

（续表）

经济体	资产负债表					交易				其他物量变化,部门(S),工具(I)	重估价,部门(S)工具(I)
	整个经济体	SNA主要机构部门	SNA主要工具	频率	额外的部门(S)或工具(I)细分	整个经济体	SNA主要机构部门	SNA主要工具	频率		
卢森堡	否	否	部分	年度	一些(S)及一些(I)	否	否	部分	年度	否	否
马耳他	否	否	否	否	否	否	否	否	否	否	否
荷兰	是	所有部门	所有工具	年度	一些(S)及一些(I)	是	所有部门	所有工具	年度	否	否
新西兰	否	否	否	否	否	否	否	否	否	否	否
挪威	是	所有部门	部分	年度	一些(S)及一些(I)	是	所有部门	部分	年度	否	否
葡萄牙	是	所有部门	所有工具	季度	一些(S)及一些(I)	是	所有部门	所有工具	季度	否	否
新加坡	否	否	否	否	否	否	否	否	否	否	否
斯洛伐克	是	所有部门	所有工具	季度	一些(S)及一些(I)	是	所有部门	所有工具	季度	否	否
斯洛文尼亚	是	所有部门	所有工具	季度	一些(S)及一些(I)	是	所有部门	所有工具	季度	否	否
西班牙	是	所有部门	所有工具	季度	一些(S)及一些(I)	是	所有部门	所有工具	季度	否	否
瑞典	是	所有部门	所有工具	季度	一些(S)及一些(I)	是	所有部门	所有工具	季度	否	否

(续表)

经济体	资产负债表					交易				其他物量变化,部门(S)工具(I)	重估价,部门(S)工具(I)
	整个经济体	SNA主要机构部门	SNA主要工具	频率	额外的部门(S)或工具(I)细分	整个经济体	SNA主要机构部门	SNA主要工具	频率		
瑞士	是	所有部门	所有工具	年度	一些(S)及一些(I)	否	否	所有工具	年度	否	否
中国台湾	否	否	否	否	否	否	否	否	否	否	否
新兴经济体											
阿根廷	否	否	否	否	否	否	否	否	否	否	否
巴西	是	所有部门	所有工具	年度	一些(S)及一些(I)	是	否	部分	季度	否	否
印度	否	否	否	否	否	是	不同分类	部分	年度	否	否
印度尼西亚	否	否	否	否	否	是	不同分类	部分	季度	否	否
墨西哥	是	所有部门	所有工具	年度	否	是	所有部门	所有工具	年度(整个经济体为季度)	否	否
俄罗斯	否	否	否	否	否	否	否	否	否	否	否
沙特阿拉伯	否	否	否	否	否	是	所有部门	所有工具	否	否	否
南非	否	否	否	否	否	否	否	否	年度	否	否
土耳其	否	否	否	否	否	否	否	否	否	否	否

附录12-3　42个经济体非金融资产数据的可获得性

经济体	资产负债表					交易			其他物量变化，部门(S)资产(A)	重估价，部门(S)资产(A)
	整个经济体	SNA主要机构部门	SNA主要资产	频率	额外的部门(S)或资产(A)细分	整个经济体	SNA主要机构部门	SNA主要资产	频率		
发达经济体											
澳大利亚	是	所有部门	不包括贵重物品	季度	所有(A)，不包括贵重物品	是	所有部门	不包括贵重物品	季度	按(A)	按(A)
加拿大	是	所有部门	不包括贵重物品	季度	大多数(S)及(A)	是	所有部门	不包括贵重物品	季度	否	否
法国	是	所有部门	所有资产	年度	部分(A)	是	所有部门	所有资产	季度	按(S)及(A)	按(S)及(A)
德国	是	所有部门	部分	年度	部分(A)	是	所有部门	所有资产	季度	否	否
意大利	是	否	仅固定资产	年度	固定资产	是	否	固定资产	季度	否	否
日本	是	所有部门	不包括贵重物品	年度	部分(A)	是	所有部门	所有资产	季度	按(A)	按(A)
韩国	是	所有部门	固定资产	年度	部分(A)	是	否	部分	季度	否	否

（续表）

经济体	资产负债表					交易				其他物量变化,部门(S)资产(A)	重估价,部门(S)资产(A)
	整个经济体	SNA主要机构部门	SNA主要资产	频率	额外的部门(S)或资产(A)细分	整个经济体	SNA主要机构部门	SNA主要资产	频率		
英国	是	所有部门	不包括自然资源	年度	部分(A)	是	所有部门	不包括自然资源	季度	否	否
美国	是	所有部门	不包括贵重物品	季度	部分(A)	是	所有部门	不包括贵重物品	季度	按(S)	按(S)
奥地利	否	否	否	否	否	是	所有部门	所有资产	季度	否	否
比利时	否	否	否	否	否	是	所有部门	所有资产	年度	否	否
塞浦路斯	否	否	否	否	否	是	否	不包括贵重物品/非生产	季度	否	否
捷克	是	所有部门	所有资产	年度	部分(S)及部分(A)	是	所有部门	所有资产	季度	按(S)及(A)	按(S)及(A)
丹麦	是	所有部门	否	年度	部分(A)	是	所有部门	所有资产	季度	按(S)	按(S)
芬兰	是	所有部门	所有资产	季度	部分(A)	是	所有部门	所有资产	季度	否	否

（续表）

经济体	资产负债表					交易				其他物量变化,部门(S)资产(A)	重估价,部门(S)资产(A)
	整个经济体	SNA主要机构部门	SNA主要资产	频率	额外的部门(S)或资产(A)细分	整个经济体	SNA主要机构部门	SNA主要资产	频率		
希腊	否	否	否	否	否	是	所有部门	所有资产	年度	否	否
中国香港	否	否	否	否	否	是	不同分类	不包括贵重物品/非生产	季度	否	否
冰岛	是	否	否	年度	部分(A)	是	否	否	季度	否	否
爱尔兰	否	否	否	否	否	是	所有部门	所有资产	年度	否	否
以色列	是	所有部门	不包括贵重物品/非生产	年度	部分(S)及部分(A)	是	否	不包括贵重物品/非生产	年度	否	否
卢森堡	是	所有部门	否	年度	部分(A)	是	所有部门	部分	年度	否	否
马耳他	否	否	否	否	否	是	否	否	季度	否	否
荷兰	是	所有部门	所有资产	年度	否	是	所有部门	所有资产	年度	否	否
新西兰	否	否	否	否	否	否	否	否	否	否	否
挪威	是	否	否	年度	部分(A)	是	否	否	年度	否	否
葡萄牙	否	否	否	否	否	是	所有部门	所有资产	年度	否	否

（续表）

经济体	资产负债表					交易				其他物量变化,部门(S)资产(A)	重估价,部门(S)资产(A)
	整个经济体	SNA主要机构部门	SNA主要资产	频率	额外的部门(S)或资产(A)细分	整个经济体	SNA主要机构部门	SNA主要资产	频率		
新加坡	否	否	否	否	否	是	不同分类	不包括贵重物品/非生产	季度	否	否
斯洛伐克	是	否	否	年度	部分(A)	是	所有部门	所有资产	年度	否	否
斯洛文尼亚	否	否	否	否	否	是	所有部门	所有资产	年度	否	否
西班牙	否	否	否	否	否	是	所有部门	所有资产	年度	否	否
瑞典	否	否	否	否	否	是	所有部门	不包括贵重物品	季度	否	否
瑞士	是	否	否	年度	否	是	所有部门	所有资产	年度	否	否
中国台湾	否	否	否	否	否	否	否	否	否	否	否
新兴经济体											
阿根廷	是	否	部分	年度	部分(A)	是	否	部分	季度	否	否
巴西	否	否	否	否	否	是	所有部门	不包括贵重物品	年度(部分季度)	否	否

（续表）

经济体	资产负债表					交易				其他物量变化,部门(S)资产(A)	重估价,部门(S)资产(A)
	整个经济体	SNA主要机构部门	SNA主要资产	频率	额外的部门(S)或资产(A)细分	整个经济体	SNA主要机构部门	SNA主要资产	频率		
印度	是	不同分类	部分	年度	否	是	不同分类	部分	年度（生产资产为季度）	否	否
印度尼西亚	否	否	否	否	否	是	不同分类	部分	季度	否	否
墨西哥	否	否	否	否	否	是	所有部门	所有资产	年度（生产资产为季度）	否	否
俄罗斯	否	否	否	否	否	是	否	部分	年度	否	否
沙特阿拉伯	否	否	否	否	否	是	否	所有资产	年度	否	否
南非	是	否	部分	年度	否	是	否	部分	季度	否	否
土耳其	否	否	否	否	否	是	否	固定资产	季度	否	否

资料来源：OECD、IMF及相关经济体官方统计网站。

作者简介：刘水，男，毕业于对外经济贸易大学，硕士研究生，现为国家统计局国际统计信息中心国际统计方法研究处处长、高级统计师。杨家兑，女，毕业于美国利兹大学，硕士研究生，现为国家统计局国际统计信息中心国际统计师。吕璐，女，毕业于武汉大学，硕士研究生，现为国家统计局国际统计信息中心高级统计师。

第十三篇 资本存量测算问题综述

原鹏飞

资本存量测算是资产负债表编制中一个非常重要的方面。本部分首先介绍2008年SNA和OECD《资本存量测算手册》中关于资本存量测算的国际标准和相关建议,并就其推荐的,且已在国际统计界广泛流行的永续盘存法进行详细介绍,其次对国内外固定资本存量的核算实践进行梳理,最后,在对国内相关统计资料现状分析的基础上,提出我国资本存量测算的相关建议。

一、资本存量测算的国际标准

(一) 2008 年 SNA 对资本存量的界定

2008年SNA和OECD的《资本存量测算手册》对固定资产和固定资本形成总额的概念、包含的内容、估价以及核算方法等都给出了界定或提供了建议,其中OECD的《资本存量测算手册》更加具体详细。

按照2008年SNA,固定资产是通过生产活动生产出来的,且其役龄(vintage,指正在使用的资本品已经使用的年限时间)在一年以上、单位价值在规定标准以上的资产,不包括自然资产。资本存量总额定义为按照资本货物在某报告期间的市场价格,对留存至报告期的既往投资的重估价。之所以被称作"总额",是因为它一直被认为是扣除固定资本消耗之前的资产价值。因此,资本存量总额忽略了资产的衰变,仅考虑到资产的报废。通常情况下,资本存量总额是计算固定资本消耗和资本存量净额的起始点。按照折旧对过往保存下来的资产存量进行调整,即可得出资本存量净额或财富资本存量。

(二) OECD《资本存量测算手册》对资本存量测算的主要建议

早在 2001 年,为推进并帮助成员国核算各自的资本存量,OECD 发布了专门的《资本存量测算手册》,这一手册对固定资本及其相关概念体系、资产价值的评估方法、资本的两重属性及两重属性之间的相互联系、资本存量的估算方法等进行了系统阐述,为资本存量测算提供了理论依据和实践指导。在此之后,OECD 又根据实际情况对手册作了一系列的改进和修订,并于 2009 年发布了《资本存量测算手册》的修订版本。

OECD 的《资本存量测算手册》建议使用永续盘存法对资本存量进行估算,在该手册中,对使用永续盘存法估算固定资本存量过程中所涉及的数据选择、折旧、资产效率、基期资本存量确定、固定资产的役龄等各个细节均进行了介绍,或者给出了建议。

1. OECD《资本存量测算手册》关于资本存量相关概念及相互关系的阐述

估算资本存量所涉及的相关概念见图 13-1。首先用固定资本形成总额的逐年积累值,减去通过假定资产的役龄(或者适用于投资流量的报废函数)计算的资产报废量,得到资本存量总额,然后基于假定的年限价格函数,估算固定资本的折旧或消耗,由此得到资本存量净额或财富资本存量。

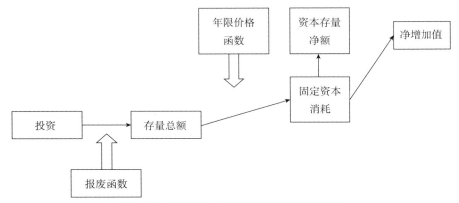

图 13-1 估算资本存量所涉及的相关概念

现实中的资本具有两重性,即财富存量和资本服务流量,价值或财富代表资本的一面,物量或数量是资本的另一面。以上都是从财富的角度审视固定资本存量,这是资本的一个属性,而资本的另一个同样重要的属性是其生产性,即提供生产服务,与此相关的概念即生产资本存量,按照生产效率损失,对过往留存下来的特定类型资产存量进行调整,即可得出生产资本存量。

在 1993 年 SNA 中,除了引入固定资本消耗分录说明总增加值与净增加值之间的差异,资本存量和增加值之间并无明确联系。然而,人们一直持有的观点是:正如雇员报酬是使用劳动力所产生的收入一样,营业盈余是在生产中使用资本而产生的收入。近年来,对资本存量影响营业盈余水平的探索备受关注。鉴于资本服务在生产率研究中的应用,这使得人们将更多的目光投向资本服务。在有利于开展进一步分析并实现资本存量基础数据优化的前提下,可将资本服务与国民账户用于确定折旧的做法综合起来。

图 13-2 阐明了构成资本服务基本部分的其余要素。其中一个要素是按资产年限反映出生产效率资产损失的年限效率模式或年限效率函数,按照报废量和生产效率损失对既往投资流量进行调整,其累积值即生产存量。资本服务以及生产活动用资本资产生产服务流量与生产存量成比例,且可由前者推导出来。最后,综合所需资本收益、折旧和再估价信息,可算得资本服务价格(其使用者成本或租金价格)的估值。基于资本服务价格(使用者成本)以及由生产存量推导出来的资本服务数量,即可计算出资本服务的总价值。

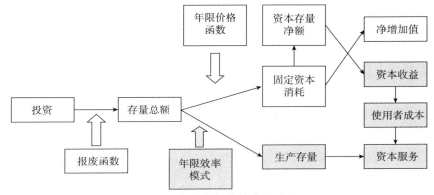

图 13-2　资本指标的综合构成情况

需要强调的是,虽然资本的两面——财富和生产——是用以分析不同问题的两个不同方面,但是两者之间并非毫无关系。恰恰相反,资产价值与其当前和未来生产能力之间的联系十分明显,资本存量测算方法的一致性就是对这一联系的考虑,而上述联系的重要节点之一,就是资产的年限价格模式和年限效率模式之间的关系。资产的年限价格模式包含有关某项资产价格历史(按其年限)的所有信息,同时反映折旧,即收入支出。年限效率模式则包含某项资产(随着时间推移)的生产能力的信息,同时提供测算资本服务——资产对生产活动的贡献——的方法。对于单一同质资产而言,上述两种模式相互关联但又存在根本性的差异。

表13-1是从不同角度对资本的两个方面进行对比。

表13-1 资本的两个方面

	收入和财富角度	生产和生产率角度
基本流量	投资	投资
不同年限资产加总	折旧模式(年限价格模式)	年限效率模式
算得各类别资产的存量	资本存量净额(按资产类型)	生产存量(按资产类型)
推导出的流量	折旧	资本服务(按资产类型)
不同类别资产加总	市场价格	资本服务价格
算得的存量	净资本存量总额	生产存量(按资产类型)
推导出的指标	资产负债表分录、国民财富、净收入指标	资本服务、多要素生产率

2. 固定资本存量核算的一般方法:永续盘存法

资本及其度量历来是经济研究中有争议的问题之一。资本度量的主要困难来自资本品的耐用性。从资本作为固定资产参与生产过程的属性看,在任意时点上,资本都是由不同役龄的资本品组成的,加总时必须考虑不同役龄资本品的效率差异;而从资本作为价值储藏媒介的财富属性来看,在任意时点上,资本都是由不同类别的资本品组成的,而同类别的资产则具有不同的特征和不同的使用期限,加总时必须考虑不同特征和不同使用期限资本品的价格差异。因此,固定资本存量的核算涉及各种类型资产的估价、折旧及资产的相对效率等问题的处理,是一个比较复杂的过程。

从财富角度对固定资本存量进行核算,尽管可以直接测算过去各年份新增的固定资本形成并将其直接加总起来,但问题在于如何估算那些虽然类别相同但具有不同特征和不同使用期的资本存量的全部价值。从理论上说,如果每一项具体资产都存在一个良好的二手市场,那就能够利用这些观察到的价格对每项资产以给定年份通行的价格进行重估价,但实际上很少能够得到此类信息。因此必须采用间接的方法对资本存量进行测算。

在国内外对资本存量核算的实践中,最为常用的方法就是永续盘存法,个别国家也有通过全面性资产调查途径直接获取资本存量数据的做法,比如日本曾运用大规模资产普查的方法来直接估算资本存量。

(1) 永续盘存法的基本原理

雷蒙德·W. 戈德史密斯(Raymond W. Goldsmith)于1951年提出的永续盘存法为解决固定资本存量估算难题提供了有效的方法,其实质是通过对过去购置的并估算出役龄的资产进行累加来完成的。通过永续盘存法,能够减记所有在所涉年份年初既存资产的价值(即资产在这一年的价值下降),注销在那一年达到役龄的资产,再加上在那一年内所获得的经过减记的资产价值。永续盘存法的理论基础来自耐用品生产模型,资本品的效率在使用过程中会随着役龄的增加而发生改变,也就是说资产能够提供的生产能力会发生改变,由此其价值也会发生改变,因而永续盘存法在对资产进行累加时根据耐用品生产模型考虑了资产效率的改变。

劳里斯·R. 克里斯滕森(Laurits R. Christensen)和戴尔·W. 乔根森(Dale W. Jorgenson)在1973年将投资品价格和资本服务租赁价格概念引入永续盘存法,形成了资本存量与资本服务价格即数量与价格对偶体系,大大扩展了永续盘存法的功能,使扩展后的永续盘存法占据了资本存量与资本服务核算的主流地位。永续盘存法计算资本存量能够充分利用较长时期连续的相对可靠的投资统计资料,并可以任意选用某一存量资料较为齐全的年份作为基期往前或往后逐年递推,因此得到了广泛应用。克里斯滕森、柯明斯和乔根森(1980)在应用中对扩展后的方法进行了检验和完善,使其占据了资本核算的主流地位。

永续盘存法以耐用品生产模型为理论基础,设役龄为 τ,用相对效率序列 $\{d(\tau)\}$ 反映不同役龄资本品的效率差异,并作为权数将过去投资 $I(t-\tau)$ 加总为资本存量 $K(t)$:

$$K(t) = \sum_{\tau=0}^{\infty} d(\tau) I(t-\tau)$$

目前 OECD 的《资本存量测算手册》所建议的永续盘存法已在包括 OECD 成员国在内的许多国家得到了非常广泛而且成功的应用,因此永续盘存法也成为当今全球主要国家估算资本存量最为主流的方法。

(2) 永续盘存法的相关假设

运用永续盘存法对资本存量进行核算涉及一系列的假设条件,而这些假设的合理与否,直接关系到核算结果的合理性和可靠性。

① 资产的重置率与重置需求

在永续盘存法中,资本品效率改变用相对效率来衡量,相对效率依赖于资产的使用年限,即役龄。

实际投入生产的资本品的役龄构成是不同的,使用多年的设备无论在生产产品的质量和数量上都要比新设备差;经常维修也使实际的生产时间缩短;同时技术进步使新购买的资本品包含更多新的技术;总之有形和无形的磨损使不同役龄资本品的生产效率相对于新资本品是不同的。因此,资本存量实际上是这些不同役龄资本品数量的加权和,权数相当于它们的相对生产效率。估计资本存量,关键在于对不同役龄资本品数量和它们的相对生产效率的估计。

对于某一资产而言,全新时其相对效率为1,随着资产的使用,其相对效率将表现为非增的状态,而当该资产最终退役或报废时,其相对效率降低为0。与资本品相对效率概念相对应的是资本的重置率和重置需求,这是对资本存量效率损失所需进行的数量补偿,而折旧是对资本存量效率损失对应的价值补偿,重置率与折旧的数量与模式都严格取决于资本品的相对效率模式。

② 资产的相对效率模式

资产相对效率的直接测量非常困难,通常的做法是对资产在使用期限内的效率变化模式进行假设。常用的相对效率模型有以下几种。

(a) 单驾马车模式。在这种模式下,假定资产在其役龄 L 内保持效率不变,当超过役龄时其效率立刻变为0。在单驾马车模式下,在资产的使用期限内,资产所提供的服务数量不会变少。只有极少数资产在其使用寿命中能保持不变的效率,例如桥梁或水坝等构筑物,它们可能在非常长的时间内连续提供不变的效率。

(b) 线性递减模式。这种模式假定资产的相对效率每年以一个固定的量下降,意味着资产的效率随着役龄的增加以较快的速率下降,役龄结束时其生产能力完全殆尽。

(c) 几何递减模式。这种模式表示资产的相对效率每年按固定比率下降,意味着资产在第一年效率下降的绝对量最大,随后的年份中每年下降的比率相同,但绝对量逐渐减少。由于理论上的简化,相对效率的几何递减模式在实证中被大量地采用。

(d) 双曲线模式。在这种模式下,资产效率在早期缓慢下降,在即将达到资产寿命终点时下降速度增加。

可以证明,在几何递减模式下,平均重置率等于重置率。

③ 资本租赁价格与资本折旧

资本存量一旦进入生产过程,就会发生折旧。资本品的效率在使用过程中会随着役龄的增加而发生改变,这种效率的改变不仅意味着资产能够提供的生产能力会发生改变,而且意味着其资产价值也会发生改变。折旧测算资本品随着役龄增加的价值损失,因此与资本存量净额相联系。

乔根森使用资本租赁价格概念,对资本折旧的经济意义进行了界定,并创造了资本投入的数量价格对偶计算体系,由此得到的价格数据与传统永续盘存法所提供的资本存量数据之间形成一一对应关系,称为对偶性。根据这种对偶性可以给出相应的价格表达式。这样,乔根森就将资本投入数量核算与价格核算联系起来,建立起了统一的分析框架。

二、国内外固定资本存量的核算实践

自永续盘存法产生以来,由于其具有高度简约的理论模型和较强的实际可操作性,在世界各国的应用越来越广泛,目前已经成为国际上较为通行的用于估计固定资本存量的方法。

早在20世纪70年代,美国商务部就开始运用永续盘存法定期进行年度资本存量的正式估计。此后,大多数OECD国家也逐步运用永续盘存法对资本存量数据进行估算,目前 OECD 定期发表的 10 个成员国的资本存量估计和另外 5 个国家的不定期和较粗略的数据都是利用永续盘存法得到的。

(一) 一些国家资本存量的测算实践

1. 美国的资本存量测算

美国经济分析局(BEA)和联邦储备委员会(FRB)一起负责主要部门资产负债账户,共同估算重估价账户并编制资产负债表,其中,重估价账户显示因价格变化导致的净值变化,该账户由美国经济分析局和美联储共同估测,按部门对非金融资产和金融资产进行重估。

固定资产账户包括固定资本形成总额、固定资本消耗、资产负债表的固定资产净存量、资产规模的其他变化、按照资产类型的统计、按照行业/部门的统计、私人和政府资产、住宅和非住宅资产、耐用消费品、按现行市价估算的库存价值等。其中,固定资本消耗使用永续盘存法估测。

私人固定资本形成总额中的建筑物包括住宅和非住宅建筑物,具体包括:房屋的建设、房屋的重大改观、可移动建筑物和活动板房、经纪人佣金等,但是不包括保养和维修以及与新建建筑物的建设无关的拆迁费用。对于建筑物的核算,是以每五年经济普查所提供的私人固定投资数据为基础,根据每月建设支出调查以及生产价格指数来进行估算。

私人固定资本形成总额中的设备包括通过贸易和非市场渠道购置的使用至少一年以上的新设备、经销商销售的二手设备、非住宅用设备、住宅用设备等,但不包括设备的保养与维护以及耐用消费品、软件等。对于设备的核算,是以每五年经济普查数据为基础,根据制造商年度普查、每月出货数据调查、每月库存量调查和每月订单调查、每月商品进出口统计等数据,以及生产价格指数,来进行年度和季度估测。

私人固定资本形成总额中的知识产权产品包括软件、研发(R&D)和娱乐创作。①软件的估测。可购买软件利用经济普查数据做基准年估测,利用年度服务调查数据进行年度估测,利用企业报告数据以及季度服务调查数据进行季度估测;自营软件以经济普查数据、就业工资数据为基础。②研发的估测。根据国家科学基金会年度调查中的商业研发和创新调查以及高等教育研究和发展调查中的研发支出数据估测。③娱乐创作的估测。基准年使用经济普查数据,非基准年使用服务年度调查和私人数据源的收益数据推算。

政府固定资本形成总额分为联邦政府固定资本形成总额以及州政府和地方政府固定资本形成总额。联邦政府固定资本形成总额包括建筑物、设备和知识产权的国防和非国防投资。州政府和地方政府的固定资本形成总额包括建筑物、设备、知识产权产品以及公共设施如公路、街道、下水道等。其中,联邦政府的数据来源于国防部数据、联邦预算数据以及每月建设调查。州政府和地方政府数据来自政府财政调查、每月建设调查、其他政府机构数据、计算机及配套设备等调查。

2. 加拿大的资本存量测算

加拿大早在 1984 年就发布了第一套年度资产负债表(按账面价值),2003 年又发布了按市场价值核算的资产负债表。

加拿大在进行固定资本存量核算时使用的方法是永续盘存法,即从固定资本形成总额的时间序列核算资本存量和固定资本消耗,需要的数据有固定资本形成总额、价格指数、服务期限、折旧办法和潜在的参数。从数据来源看,关于投资数据来源,一是非常住部门建筑和工程、机器和设备以及知识产权产品投资数据,大概包含了 103 种资产的总和,这些数据来源于资本和修复支出调查、建筑许可调查、资本支出季度调查、就业指标以及进口等数据;二是常住部门投资,通过建筑许可调查、开始和技术调查、住户支出调查以及房地产中介和经纪人调查等数据。关于价格指数数据来源,在进行永续盘存法前,需要缩减现值美元投资,获得不变价美元投资;在进行永续盘存法后,需要调整不变价美元净存量和折旧,获得现价美元投资,因此需要获取价格指数,其数据来源包括新的住房价格指数、机器和设备价格指数、工业产品价格指数、建筑价格指数、商品软件价格指数、进口价格指数和周平均收入等数据,也需要消费者价格指数、工资/劳动力指数、批发价格等数据的支持。

加拿大固定资本存量核算中的非金融资产包括生产性资产和非生产性资产。其中,生产性资产包括固定资产、住宅建筑、非住宅建筑、机器和设备、武器系统、知识产权产品、库存和耐用消费品;非生产资产包括自然资源:土地、自然资源(底土矿物和木材)和无线频谱。

加拿大固定资本存量核算中的金融资产测算方法如下。首先通过企业注册名录获得企业主体数据,通过整合信息,得到生产账户信息。金融和财富账户中有30个部门,满足公式:存量＝存量(上期)＋流量(本期)＋其他变化(本期);金融资产交易－负债交易＝净金融投资。调整统计差异后,得到净贷款/借款。金融账户采用时间、类别和部门三维的形式展示。国民核算框架的基础是四个核算规则:双方简单交易带来的四条记录＝每方各两条记录;金融资产变化＝债务变化;涵盖所有部门的净金融投资＝0;资金来源＝资金的利用。但是资金流量数据资料存在部门信息不够详细、来源不同、调查缺乏、测算误差、分类、统计差异等问题。

3. 德国的资本存量测算

德国第一个资产负债表产生于1980年,目前非金融资产部分由德国联邦统计局编制,金融资产和负债部分由德意志联邦银行负责。其中,非金融资产分为非生产性非金融资产和生产性非金融资产。进一步将非生产性非金融资产划分为自然资源、合约、租约和许可以及商誉和营销资产的购买减出售,生产性非金融资产分为固定资产、存货和贵重物品。但是,由于数据来源以及核算的困难,并非所有分类的存量数据都可用,如贵重物品、其他自然资源、合约、租约和许可以及商誉和营销资产等分类的数据均不可用。德国资产负债表分为非金融公司、金融公司、一般政府以及住户和为服务住户的非营利机构等四大部门。

(二) 我国资产存量测算的研究情况

到目前为止,我国官方尚未公布国家固定资产存量的相关数据。由于固定资本存量数据在考察国家固定资本积累和经济分析中的重要性,国内外学者针对中国资本存量的估算开展了大量的研究,对这些相关文献进行回顾,便于官方在开展我国固定资本核算工作时参考。

在已有的文献中,数量最多的是针对我国总量层面的资本进行测算,但其中一些文献使用的方法是固定资产净值等于上一年的固定资产净值加上投资减掉折旧,没有考虑资本品的退役,因此其使用的方法并不是永续盘存法。

由于不同类型的资产有不同的折旧率和价格指数,对资产进行分类可以增加资本存量测算的准确性,更重要的是可以在资本服务估算中区分不同资本品的边际产出差异。从行业角度进行资本测算,可以区分不同行业的收益率差异以及资本边际产出的差异,从而为以后的行业层面生产率或其他经济研究提供基础数据,也可以从行业结构上分析中国资本积累的特点。

目前也有一些学者运用永续盘存法估算了我国分行业和分类型的固定资本存量,但不同学者估算的行业数量和类型、采用的资产折旧模式、资产寿命、投资数据的使用等方面都存在不同程度的差异。

(三) 实际运用永续盘存法涉及的其他问题

在实际运用永续盘存法估算资本存量的过程中,由于固定资产类型以及各国在统计基础、一般技术水平等方面的差异,在一些细节问题的处理上存在较大差别。对这些细节问题进行梳理和总结,有利于我们更好地根据我国的现实情况,制定适合的固定资本存量核算方案。

在本部分,我们将基于国内外相关文献对我国资本存量估算的一些研究成果,并结合2008年SNA和OECD《资本存量测算手册》中给出的关于资本存量核算的一般原则,对实际运用永续盘存法估算我国固定资本存量所涉及的一些细节问题进行梳理。

1. 关于投资数据的选择

中国的官方投资统计数据主要包括积累数据、固定资产投资数据、固定资本形成数据、存货投资数据以及新增固定资产数据。

在我国已有的资本测算研究中,不同研究使用的投资数据主要包括固定资产投资数据、固定资产形成数据、积累数据和新增固定资产数据。根据永续盘存法的基本思想,估计固定资本存量时选用的投资数据应该是不考虑退役、不考虑资本品效率下降或折旧的固定资产投资数据。以下逐个分析各投资指标的适合性问题。

根据上述概念,对于积累额,由于该指标已经扣除了固定资产的折旧,虽然运用该指标估算资本存量有无须考虑折旧问题的优点,但运用这一指标存在三个问题:第一,随着国家统计部门于1993年对国民经济核算体系进行修订,新的统计体系下不再公布积累数据,也没有相应的价格指数;第二,生产性积累还包括土地和存货投资;第三,也正是因为积累数据已经剔除了固定资产的折旧,该指标并不适合永续盘存法,同样,运用该指标估算资本存量也并非真正的基于永续盘存法的计算程序。综上,在永续盘存法方法中,积累额并不是适合的投资数据。

　　固定资产投资是一直沿用的官方统计指标,该指标不但时间序列长,而且还提供了按资产分类以及按行业分类的数据,比较容易满足永续盘存法对投资数据的要求,但使用这一指标的数据估算资本存量也会存在一些问题:第一,这一指标包括购买土地和购买旧设备、旧建筑物的支出,而这些支出并不能增加中国的可再生资本;第二,由于这个指标只包括大额的投资数据,因此低估了总投资,例如在1997年之前,固定资产投资报表制度的统计范围为5万元以上的项目,从1997年开始,统计范围从5万元以上提高到50万元以上,自2011年起,统计范围再度调整,由50万元以上提高到500万元及以上;第三,当年的固定资产投资额是当年固定资产的投资支出,并非当年所有的固定资产投资支出都能够在当年形成固定资产,事实上,固定资产有较长的投资周期,因此该指标所反映的内容与固定资本存量还有一定的差异。

　　对于新增固定资产,该指标是表示报告期内固定资产投资成果的价值指标,由于永续盘存法中所用的资本投资数据应该是不考虑退役和折旧的固定资产投资数据,而且应该是反映投资的结果的数据。从这两点看,新增固定资产是与永续盘存法比较接近的概念,是一个较好的选择,但运用该指标的问题在于,由于新增固定资产在较长周期内形成,获取与其相应的价格指数难度很大,因此在估算资本存量方面的应用也比较有限。

　　对于固定资本形成总额,与全社会固定资产投资额相比(表13-2提供了更为直观全面的对比),该指标的统计对象是"获得的固定资产减处置的固定资产的价值总额",而全社会固定资产投资额的统计对象则是"全社会建造和购置固定资产的工作量以及与此有关的费用"。固定资本形成总额不但扣除了由于出售、易货交易和实物资本转移而转出的旧固定资产价值,而且包含了规模以上投资和零星投资的全部固定资产投资项目。固定资本形成总额是适合永续盘存法要求的投资指标,OECD《资本存量测算手册》也建议基于这一指标使用永续盘存法对固定资本存量进行估算。

表 13-2　固定资产投资与固定资本形成总额

固定资产投资	固定资本形成总额
固定资产投资统计中的全社会固定资产投资额	支出法国内生产总值的组成部分，固定资本形成总额
以货币形式表现的在一定时期内全社会建造和购置固定资产的工作量以及与此有关的费用的总称	常住单位在一定时期内获得的固定资产减处置的固定资产的价值总额[1]
土地购置费、旧建筑物购置费和旧设备购置费	不包括土地购置费、旧建筑物购置费和旧设备购置费
未扣除由于出售、易货交易和实物资本转移而转出的旧固定资产价值	扣除了由于出售、易货交易和实物资本转移而转出的旧固定资产价值[2]
计划总投资 500 万元以上项目的投资，不包括固定资产的零星购置	既包括计划总投资 500 万元以上项目的投资，也包括 500 万元以下项目的投资，还包括固定资产的零星购置
不包括商品房销售增值、未经过正式立项的土地改良支出	包括商品房销售增值、未经过正式立项的土地改良支出
只包括有形固定资产的增加	既包括有形固定资产的增加，也包括矿藏勘探、计算机软件等无形固定资产的增加

注：1 这里说的处置的固定资产并非报废的固定资产；2 这里说的并非报废的固定资产，而是出售、易货交易和实物资本转移而转出的旧固定资产价值。

资料来源：由国家统计局网站资料整理得到，http://www.stats.gov.cn/tjzs/cjwtjd/201308/t20130829_74320.html。

但在中国基于固定资本形成总额估算固定资本存量的最大问题是，是否有分部门、分固定资产类型的详细固定资本形成总额分类数据。从相关统计资料的情况来看，当前官方仅公布了全国层面的固定资本形成总额数据，并没有提供其他分部门和分类数据，这也是为什么大多数最近的研究都采用了固定资产投资，而没有采用固定资本形成总额来估算的主要原因。

最后需要指出的是，一些研究对资本存量的估算利用了固定资产原值和固定资产净值两个指标，实际上以固定资产原值和净值来表示资本存量是不恰当的，固定资产原值和净值是公司财务会计的概念，前者是目前在使用的以历史购置价格表示的资本品价值总和，后者是前者扣减历年累计折旧的数值。以历史购置价格来表示的资本品价值的加总，不能很好地表示资本存量的实际数量,即使是同样的资本品,仅仅因为它们的价格发生了变化,以原值表示的资本存量对两者在计量上就会存在差异,这使资本存量的数量不能在一致的基础上进行加总。另外,固定资产净值对折旧的扣除也完全是在税收制度意义下的做法,并没有与资本品的相对效率相联系。

2. 关于基期资本存量的确定

运用永续盘存法估算固定资本存量首先需要确定估算的起始年份,而起始年份的资本存量则是运用永续盘存法估算固定资本存量的起点,而且该数值是未知的,因此需要估算。在一国投资数据序列不够长的情况下,估算的难度相对更大。

对基期资本存量的估算一般有以下两种方法。

一是对投资的长期增长率进行合理估算。这种方法是通过建立GDP等变量和现有投资数据之间的经济计量关系,并将这种关系应用于估算数据缺失年份的投资数据,在此基础上,运用估算的固定资产投资数据估算基期资本存量。

二是运用资本产出比方法进行估算。经济学者对经济增长规律和驱动因素的大量实证研究结论表明,在经济增长的过程中,资本、劳动等投入要素与产出之间的比例在相对较短的时期内比较稳定,接近于常数,根据这一文献证据,可以根据某一年份的产出,运用资本产出比反向推算出当年的资本存量数据。

除以上两种方法外,也可以使用全面调查的方式来获取某一年份的资本存量数据,但由于这一方法难度较大,成本也非常高,除少数国家外,并没有得到普遍运用。

我国学者在估算我国资本存量的过程中,对于基期资本存量的估算也采用了一些其他的方法。比如,基于国有企业、城镇集体企业、乡村集体企业、个人的固定资产和流动资产积累的年度数据估算;运用固定资产投资价格指数,将1980年工业分行业乡及乡以上独立核算固定资产净值换算成可比价固定资产净值,以此作为1980年的起始资本存量;利用投入产出表提供的固定资产折旧数据和估算的折旧率,根据永续盘存法中折旧与资本存量之间的关系(本年折旧=上年资本存量×折旧率)估算基期固定资本存量;根据对资本寿命的假设(以建筑固定资产为例,40年),需要1940年开始的建筑投资数据,根据中国早期 GDP 及 GDP 中投资的比例,以及投资中建筑投资比例等数据的估算,得到总量的基期资本存量,再根据 1985 年的工业普查数据中的固定资产净值比例,得到行业层面的基期资本存量;等等。

3. 关于固定资产的役龄

对固定资产役龄的设定是基于永续盘存法估算资本存量的重要环节,不同的设定对估算结果的影响非常明显。在现实中,固定资产的役龄受固定资产本身特点、技术进步、生产要素市场变化等各种因素的影响,在如何确定固定资产役龄的问题上,需要综合考虑各种影响因素,因而更多地是一个经验问题。在实际中,一般根据来自税务机构、企业会计账户、统计调查以及行政记录中的相关信息,结合各国自身的实际情况和固定资产的具体特点进行设定。

4. 关于相对效率模式和折旧

OECD 支持采用几何效率下降模式,因为其既有实证检验支持,又便于保证折旧模式和效率模式的一致性,OECD 国家在测算其资本存量时,也大多都假定固定资产的效率呈几何下降模式,这一假定在对中国资本存量估算的文献中也得到了最为广泛的采用。

不同的相对效率下降模式对应不同的折旧模式。折旧参数的确定可以采用多种不同的方法,包括从资产使用寿命的经验信息开始,做出关于折旧模式的函数形式的额外假设;使用二手资产价格中暗含的折旧信息,并从计量经济学的角度拓展;从年限效率模式中推导出年限价格和折旧模式;使用生产函数法,从计量经济学的角度估计折旧率;等等。

按照前文,如果资本品相对效率服从几何递减模式,就可以证明资本品的平均折旧率等于平均重置率。在这种情况下,就可以根据一定的资产寿命假设,在此基础上进行折旧率估算。

如果缺少完整的折旧率信息,OECD(2009)建议可参考其他国家相似资产的折旧率或参考其他国家相似类型资产的使用寿命进行设定。估算折旧率的常用方法是余额递减法 $\delta = R/TA$,其中 TA 是资产的平均使用寿命,R 是参数(约等于 2)。因为使用寿命容易受机构和季节条件的影响,使用类似国家的参数而非使用差异很大的国家的参数比较可取。

也有采用其他途径估算国内固定资产折旧率的文献,比如利用投入产出表中的折旧数据推导行业折旧率；基于公开统计资料中的工业分行业本年固定资产折旧和固定资产原值，利用当年折旧与上年固定资产原值的比例计算出固定资产的折旧率。

5. 关于价格指数

永续盘存法资本存量估算可以使用三种价格：历史价格、现价和不变价格。

历史价格情形下，每年都用最初购置价格对现有资产估价，无须使用价格指数，这是商业会计账户的通行做法。其主要优点是资产历史价格可以通过检查购买资产的发票来客观核实。然而，这种做法也具有重大缺陷：不同时间购置的资产以不同价格估价，导致当资产价格变动时，不同时期购置的同种资产被暗含地赋予不同权重，问题尤其严重的是，以历史价格表示的资本存量无法与国民核算或其他经济统计数据进行比较。

使用现价和不变价估算资本存量都需要使用价格指数。理论上，二者可以等价地得到同种结果。不过，由于使用不变价格数据极大地简化了计算过程，用永续盘存法对资本存量进行实际估算时，通常首先使用不变价格数据，并在需要时再由价格指数转换为现价数据，另外，从经济研究来看，与现价数据相比，不变价格数据更有意义。

对历年投资流量进行价格调整的方法主要有两种：一是利用可比价格投资额指数序列，将现价投资额直接转换为可比价投资额；二是利用投资缩减指数序列，对现价投资额进行缩减，得到可比投资额序列。这两种方法实质上等价，在具备现价投资额序列的情况下，如果能够得到投资额指数序列或投资额缩减指数序列中任意一个，就可以方便地推算出另一个。究竟采用哪种方法，完全取决于对资料的掌握程度和研究者的个人偏好。

对于第一种方法，常用的指数为积累指数和资本形成（或者固定资本形成）指数，它们分别对应我国所实行的两个不同核算体系。对于第二种方法，常用的指数为积累价格指数或者固定资产投资价格指数，同样对应于新旧两种核算体系。出于自身研究需要，仍有一些学者采用其他方法进行处理。比如，假设资本投入缩减指数近似等于 GDP 缩减指数，并直接用后者替代前者；用工业品出厂价格指数缩减投资；用全国建筑材料价格指数代替；用固定资产投资价格指数代替；用建筑安装平减指数和设备购置平减指数加权平均代替固定资产价格指数;等等。

三、对我国资产负债表中的资本存量测算的建议

(一) 当前在国内运用永续盘存法核算固定资本存量面临的困难

从对国外固定资本存量核算实践的了解来看,目前已有很多发达国家的官方统计机构开展了国家固定资本存量核算的相关工作,而永续盘存法因其高度简约的理论模型和较强的实际可操作性,在世界各国已经得到非常广泛的应用,目前已经成为国际上较为通行的用于估计固定资本存量的方法。

虽然我国官方统计机构尚未公开固定资本存量的相关数据,但学术界已经对这一问题进行了大量研究,取得了丰富的研究成果。这些文献所用的研究方法逐步规范,从最早的简单加总估算到近年来采用严格的永续盘存法估算,估算过程的合理性不断提高,一些文献的估算结果在学术界也得到较高程度的认可。

从国内外学者对我国资本存量的估算过程可以看到,由于我国现有统计资料的基础比较薄弱,当前运用永续盘存法对我国固定资本存量开展高质量核算工作的难度较大。

1. 尚无固定资本形成总额分类序列数据可用

固定资本形成总额是运用永续盘存法估算固定资本存量所需的最为直接的统计指标,对于这一指标,目前我国官方统计公布的相关数据包括1952年至今的(固定)资本形成总额、(固定)资本形成总额发展速度,以及(固定)资本形成总额指数等指标,其中(固定)资本形成总额有当年价格和不变价格两种序列,且其通过支出法国内生产总值核算得到。但以上指标都是全口径指标,目前尚未公布分固定资产类型、分行业、分地区的固定资本形成总额数据,因此在估算分类别、分行业、分地区固定资本存量时无法使用,这是当前对我国固定资本存量进行核算的最大问题。

2. 固定资产投资分类较粗,与国际标准分类相差较远

我国自1981年开始公布建筑安装工程、设备工器具购置以及其他费用三分类的固定资产投资数据,这一分类与2008年SNA中给出的九种类型分

类相差较远。2017年,国家统计局印发了《中国国民经济核算体系(2016)》,新的中国国民经济核算体系将固定资产投资分为六类,即住宅,其他建筑和构筑物,机器和设备,培育性生物资源,知识产权产品以及非生产资产所有权转移费用。与早期分类相比,新的国民经济核算体系对固定资产投资的分类更加细致,与2008年SNA的分类更加接近,但仍有一定差距,例如未包含武器系统,未对矿藏资源、计算机软件和数据库,以及娱乐、文学或艺术品原件等进行细分,如表13-3所示。

表13-3 2008年SNA与《中国国民经济核算体系(2016)》对固定资本形成总额的分类

2008年SNA	《中国国民经济核算体系(2016)》
住宅	住宅
其他建筑、构造物和土地改良	其他建筑和构筑物
机器和设备	机器和设备
武器系统	
培育性生物	培育性生物资源
知识产权产品	知识产权产品
矿藏勘探和评估	非生产资产所有权转移费用
计算机软件和数据库	
娱乐、文学或艺术品原件	

3. 固定资产投资及其价格指数序列过短

我国自1981年开始公布分资产类别的固定资产投资数据,从1990年开始公布分资产类别的固定资产投资价格指数,这两类数据不但存在分类较粗的问题,而且可用的时间序列过短,至今也只有不到30年的时间序列,不利于对早期资本存量进行核算。

4. 缺乏不同投资主体的基础数据

缺乏不同投资主体(企业、政府、住户)固定资产投资的时间序列数据和固定资产存量及折旧等相关数据。由于上述数据的普遍缺失,开展分部门固定资本存量核算工作的困难相当大。

5. 缺乏各类固定资产折旧和使用寿命的统计信息

固定资产的折旧和使用寿命是固定资本存量核算所需的重要信息,目前我国官方尚未开展相关的资产使用寿命调查,除借鉴和参考其他国家的情况外,目前没有可靠的数据可用。折旧数据也都来自企业会计资料,而且没有分不同资产类型的折旧数据。

(二) 对固定资本存量核算的建议

根据前一部分的分析,当前我国固定资产统计调查的基础还非常薄弱,与 2008 年 SNA 建议的框架相比,建立一套科学完善的固定资本存量核算工作体系还有相当大的差距。

即便如此,鉴于永续盘存法完备的理论基础,而且在全世界范围内已有广泛的成功应用,目前其已经成为全球主要国家估算固定资本存量的主流方法,因而我们仍然建议运用永续盘存法对我国的固定资本存量进行核算。这也意味着我们需要做大量繁杂艰巨的工作,尤其是相关基础数据的估算,具体包括但不限于以下几个方面。

1. 基于历史资料估算固定资本形成分类数据

充分开发和挖掘固定资产投资的历史资料,从中梳理与 2008 年 SNA 相对应的固定资本形成总额分类信息,估算相关的分类别和分部门(企业和政府)固定资本形成总额时间序列数据。对于基期年份的固定资本存量,可以基于有关固定资产投资基础统计资料进行估算,或者运用永续盘存法基于固定资产投资序列,借助计量方法进行估计。

2. 基于历史资料估算固定资产投资分类价格指数

充分开发和挖掘固定资产投资价格的历史资料,从中梳理与 2008 年 SNA 相对应的固定资本形成总额分类价格信息,估算相关的固定资本形成总额分类价格时间序列数据。

3. 开展固定资产役龄及折旧的调查

通过在企业和政府部门开展一定范围的固定资产调查,考察不同资产类别的役龄和折旧情况,结合现有统计资料中能够挖掘的相关信息,并参考国际上关于各类固定资产的役龄和折旧的设定,为我国各类固定资产设定适合的役龄并依此推算相应的折旧率。

4. 开展住户固定资产专门调查

过去统计部门没有开展对住户固定资产购置及处理的统计,针对这一状况,对于住户部门固定资本存量的核算,可以充分开发住户收支调查历史资料,并借助专门的住户固定资产调查,对住户部门分类别的固定资产存量进行摸底。

在上述准备的基础上,运用永续盘存法,并基于固定资产几何效率下降模式的假定,对分部门、分类别以及总量层面的固定资本存量进行估算。

参 考 文 献

[1] Chen K., et al. New Estimates of Fixed Investment and Capital Stock for Chinese State Industry[J]. China Quarterly,1988.

[2] Chow G. C. Capital Formation and Economic Growth in China[J]. Quarterly Journal of Economics,1993(114).

[3] Chow,G. C.,Li. K. China Economic Growth:1952—2010[J]. Economic Development and Cultural Change,2002.

[4] Goldsmith, Raymond W. A Perpetual Inventory of National Wealth, NBER Studies in Income and Wealth[M]. New York:National Bureau of Economic Research,1951.

[5] Holz, C. A. New Capital Estimates for China[J]. China Economic Review,2009(17).

[6] Jefferson, G. H., Rawski. T. G., Zheng, Y. Growth, Efficiency, and Convergence China's State and Collective Industry[J]. Economic Development and Cultural Change,1992.

[7] Maddison A. Standardized Estimates of Fixed Capital Stock:A Six Country Comparison, In Essays on Innovation, Natural Resources and the International Economy, ed. R. Zoboli, Ravenna. Italy:Studio AGR,1993.

[8] OECD. Measuring Capital OECD Manual, SECOND EDITION [M]. 2009.

[9] Wang L. I., Adam Szirmai. Capital Inputs in the Chinese Economy:Estimates for the Total Economy,Industry and Manufacturing[J]. China Economic Review,2012(23).

[10] Young, Alwyn. Gold into Base Metals, Productivity Growth in the People's Republic of China during the Reform Period[J]. Journal of Political Economy,2003(111).

[11] 白重恩,谢长泰,钱颖一.中国的资本回报率[J].比较,2007(28).

[12] 蔡晓陈.中国资本投入:1978—2007——基于年龄-效率剖面的测量[J].管理世界,2009(11).

[13] 陈诗一.中国工业分行业统计数据估算:1980—2008[J].经济学(季刊),2011(3).

[14] 单豪杰.中国资本存量K的再估算:1952—2006年[J].数量经济技术经济研究,2008(10).

[15] 国家统计局.中国固定资产投资统计年鉴[M].北京:中国统计出版社.

[16] 国家统计局.中国经济普查年鉴(2004)[M].北京:中国统计出版社,2005.

[17] 国家统计局.中国经济普查年鉴(2008)[M].北京:中国统计出版社,2009.

[18] 国家统计局.中国统计年鉴[M].北京:中国统计出版社.

[19] 国家统计局国民经济核算司.中国国内生产总值核算历史资料1952—2004[M].北京:中国统计出版社,2007.

[20] 何枫,陈荣,何林.我国资本存量的估算及其相关分析[J].经济学家,2003(5).

[21] 贺菊煌.我国资产的估算[J].数量经济技术经济研究,1992(8).

[22] 黄勇峰,任若恩,刘晓生.中国制造业资本存量永续盘存法估计[J].经济学(季刊),2002(1).

[23] 李治国,唐国兴.资本形成路径与资本存量调整模型——基于中国转型时期的分析[J].经济研究,2003(2).

[24] 联合国等.国民账户体系(2008)[M].北京:中国统计出版社,2012.

[25] 宋海岩,刘淄楠,蒋萍等.改革时期中国总投资决定因素的分析[J].世界经济文汇,2003(1).

[26] 孙琳琳,任若恩.我国行业层次资本服务量的测算(1981—2000年)[J].山西财经大学学报,2008(4).

[27] 孙琳琳,任若恩.转轨时期我国行业层面资本积累的研究——资本存量和资本流量的测算[J].经济学(季刊),2014(3).

[28] 孙琳琳,任若恩.资本投入测量综述[J].经济学(季刊),2005(4).

[29] 王小鲁,樊纲等.中国经济增长的可持续性[M].北京:经济科学出版社,2000.

[30] 王益煊,吴优.中国国有经济固定资本存量初步测算[J].统计研究,2003(5).

[31] 吴方卫.我国农业资本存量的估计[J].农业技术经济,1996(6).

[32] 谢千里,罗斯基,郑玉歆.改革以来中国工业生产率变动趋势的估计及其可靠性分析[J].经济研究,1995(12).

[33] 徐杰,段万春,杨建龙.中国资本存量的重估[J].统计研究,2010(12).

[34] 薛俊波,王铮.中国17部门资本存量的核算研究[J].统计研究,2007(7).

[35] 张军,章元.对中国资本存量K的再估计[J].经济研究,2003(7).

[36] 张军扩."七五"期间经济效益的综合分析——各要素对经济增长贡献率测算[J].经济研究,1991(3).

作者简介:原鹏飞,男,毕业于厦门大学,博士研究生,现为国家统计局统计科学研究所副研究员。